KB203589

밀법의 진정한 의미를 말해주는

道家·密宗과

東方神秘學

남회근 지음
송찬문 번역

마하연

道家密宗與東方神秘學

南懷瑾 著

ⓒ 南懷瑾文化事業有限公司. 2018

Korean translation copyright ⓒ Mahayon Publishing Co., 2021
Korean edition is published by arrangement with
Nan Huai Jin Culture Foundatian.

도가·밀종과 동방신비학

초판 1쇄 2021년 11월 1일 | 초판 1쇄 발행 2021년 11월 10일

지은이 남회근 | 옮긴이 송찬문 | 펴낸이 송찬문 | 펴낸곳 마하연 | 등록일 2010년 2월
3일 | 등록번호 제 311-2010-000006 호 | 주소 10266 경기도 고양시 덕양구 통일로
966번길 84-4 | 전화번호 010-3360-0751
이메일 youmasong@naver.com
다음카페 홍남서원 http: //cafe.daum.net/youmawon

ISBN 979-11-85844-13-8   03220

*책값은 뒤표지에 있습니다. 잘못된 책은 바꿔 드립니다

출판 설명

1985년 남회근 선생님이 대만을 떠나 미국으로 가시기 전에 이 책이 비로소 편집이 완성되어 출판되었습니다.

이 책의 내용은 결코 강의 기록이 아니라 남선생님이 직접 저술한 것입니다. 1971년 5월부터 각 편을 『인문세계월간(人文世界月刊)』에 계속 실었는데 모두 약 1년 동안이었습니다.

원문의 제목은 원래 「도가밀종여서방신비학(道家密宗與西方神祕學)」이었지만 당시의 편집자였던 진(陳) 군은 각 편을 강술로 편집하는 이외에도 「서방신비학」을 「동방신비학(東方神祕學)」으로 바꾸었는데 대체로 그 내용이 동방신비학과 비교적 관련이 많았기 때문입니다.

이번에 여러 해가 지난 뒤의 수정 재판에 즈음하여 편집을 새롭게 하고 원래 문장의 전모(全貌)를 회복하였습니다. 책 중의 크고 작은 표제는 남선생님의 원래 표제는 그대로 두었고, 편자가 내용에 근거하여 따로 각 장절 처에 작은 표제를 늘려 더함으로써 독자들이 내용의 글에 대한 이해가 편리하도록 했습니다.

본서의 각 편은 비록 남선생님의 40여 년 전의 저술이지만, 오늘날 다시 읽어보면 그 문자가 간략하면서 내용이 풍부하고 조리가 분명하여서 사람들로 하여금 밀종과 각 방면에 대해서 마음이 확 트이는 느낌을 갖게 합니다. 문화를 배우고 밀법(密法)을 배우고 불법을 배우는 독자들에게 이 책은 아마 없어서는 안 될 것으로 여겨도 될 것입니다.

본서의 재편집 과정에서 안호(晏浩) 학우가 수정 작업을 도와주었기에 여기에서 특별히 그에게 감사드립니다.

류우홍(劉雨虹)
2018년 달 밝은 가을

편집자의 말

밀교(密敎)의 교의는 심오합니다. 단도(丹道)의 비결은 이해하기 어려워서 수천 년 동안 내종(內宗)을 참구하고 전일하게 수행했던 선비들은 번번이 그것을 바라보고 탄식하거나 혹은 껍데기에 머무르거나 경계선에서 헤매거나 갈림길로 잘못 들었습니다. 대개 다들 밝은 스승의 지도를 얻지 못하고 멋모르고 무턱대고 수행하고 스스로 헛되이 수고한 것을 아쉽게 생각했습니다. 그러나 종교의 신비학은 이 때문에 없어지지 않았습니다. 도리어 그 신비하고 헤아리기 어려움 때문에 말법시대인 최근 세상에 센세이션을 불러일으키면서 유행하고 있습니다. 견강부회하고 신선 비결의 법요를 멋대로 끌어다가 사람들에게 실법(實法)을 줍니다. 심지어는 이를 빌려서 대중을 모으고 재물을 갈취하는 그 폐단이 미치는 범위는 또한 큽니다! 이것은 아마도 선현(先賢)의 밀법을 세상에 전하는 본래의 뜻이 아닐 겁니다.

어떤 사람은 말하기를, 21세기는 장차 정신병이 뒤덮는 시대가 될 것이라고 합니다. 근년에 종교의 잘못으로 인하여 정신이 정상을 잃고 남선생님한테서 약을 구하는 환자들도 많아졌습니다! 대체로 밀법의 진정한 의미를 알지 못하고 정지정견(正知正見)이 부족하여 종교의 신비한 의식의 가상(假相)을 간파하지 못했기 때문에 마침내 사상 혼란 분열 상태에 빠져 들어가 자기 스스로가 빠져 나올 수 없게 되기 때문입니다. 슬픕니다! 매우 가련하고 걱정스럽습니다.

저희 출판사에서는 이에 느낀바 있어, 마침내 과거 몇 년간 남선생님의 신선 단도와 밀법 이론과 실제[理事]와 관련된 저작과 강의 기록을 수집 편집하여 책을 만들었습니다. 선생님께 재삼 청해서 마침내 남선생님의 잠정적인 허락을 얻어 인쇄하여 책을 냅니다. 다만 진정으로 도를 향하여 수행하는 선비들이 바른 지견[正知見]을 얻고 무소득(無所得)을 증득하며 귀의할 바를 아는 데 도움이 되기를 바랄 뿐입니다. 이것이 마음으로 간절히 바라는 것입니다.

중화민국 74(1985)년 7월 15일
편집부 삼가 기록함

역자의 말

세상에는 부처나 신선이 되고 싶어 하는 사람들이 있습니다. 이에 대해 일대의 종사(宗師) 남회근 선생은 말합니다,

"어떤 사람이 신선이나 부처를 배우고 도술이나 불학을 연구하려면 무엇보다도 먼저 있어야 할 한 가지 인식은, 그들의 학문과 수양의 방법들은 모두 높고 심원한 학술 이론이 풍부하다는 것입니다. 그들의 수양 효험은 이렇게 대단히 깊고 두터운 학술 이론으로부터 그 방법적 기초를 세운 것입니다. 뿐만 아니라 사람에 따라서 베풀고 증세에 따라서 약을 쓰며 오직 활용적인 지도가 있을 뿐 틀에 박힌 고명한 방법은 없습니다. 특히 도가는 천문·지리·물리·화학·심성수양·윤리도덕 등의 자연과학과 인문과학을 결합하여 철학의 형이상적인 최고 경계로 걸어 들어갑니다.

만약 도리에 통달하지 못하고 방문(旁門)의 작은 술법에 의거하거나 호흡을 수련하거나 혹은 수규(守竅: 미간의 중심, 단전, 중궁, 해저 등등을 지킴)하면서 그게 바로 무상(無上)의 비결이라고 여긴다면, 대단히 가소로운 일입니다. 사실 이러한 방법들은 모두 주의력을 집중시키기 위하여, 생리 기능의 일부분에 의식을 머무르게 하여 그것으로 하여금 본능의 활력을 일으키게 하는 것입니다. 단지 일종의 정신적인 자기 치료가 자연 물리 작용의 원리와 함께 생리 본능 활동을 자극하는 방법일 뿐

신선단결(神仙丹訣)이 모두 그 속에 들어 있는 것이 결코 아닙니다. 하물며 수행하는 사람이 노자(老子)의 청심과욕(淸心寡欲)과, 나아가서는 청정무위(淸靜無爲)의 경계에 아직 도달하지 못했음에도 세간에서 뭔가 얻으려고 하는 공리(功利)적인 생각으로써 장생불사의 신선이 되고자 하는 욕망은, 바로 급암(汲黯)이 한무제(漢武帝)에게 '속으로는 욕망이 많으면서 겉으로는 인의(仁義)를 베푼다 [內多欲而外施仁義].'라고 했던 말처럼 심리가 건전하지 못한 병폐입니다.

그러므로 이 단법을 수련하는 과정에서 혹은 생리변화로 인하여 심리적인 착각과 환각을 불러일으키거나 혹은 심리적인 환각으로 인하여 생리적인 변태를 일으켜서, 신경이상이나 정신분열에 이를 수 있는데, 통속적으로 이른바 마구니에 들어간 상황은 바로 이러한 원인으로부터 온 것입니다. 사실 마구니는 마음으로부터 짓고 요괴는 사람으로 말미암아 일어난 것으로, 모두 어리석은 사람이 스스로 문제를 일으킨 것입니다. 청(淸)대 시인 서위(舒位)는 여순양(呂純陽)의 시에 느끼는 바가 있어 말하기를, "본래 부귀란 꿈과 같으니 책을 읽지 않았던 신선은 없었네 [由來富貴原如夢, 未有神仙不讀書]."라고 했는데, 딱 이 도리의 주석으로 인용할 만합니다."

이 책은, 티베트 밀교 꽁카(貢噶) 상사의 인가를 받아 밀법의 전수(傳授) 자격도 갖춘 남회근 선생의 저작, 『도가밀종여동방신비학(道家密宗與東方神祕學)』을 완역한 것입니다. 책 내용 소개는 「출판설명」 등에 있으므로 생략하고 번역 출판 경위를 기록합니다.

2009년 1월부터 2010년 6월 말까지 매주 1회 3시간씩 진행했던 남회근 선생의 저작 『장자남화(莊子諵譁)』 강독 시 『도가밀종여동방신비학』도 강독했습니다.

　당시 강독용 원서는 대만의 노고문화사업유한공사(老古文化事業股分有限公司) 1994년 1월 대만 28차 인쇄본이었습니다. 그 후 남회근문화사업유한공사가 이를 두 종의 책으로 나누어 2018년 10월에 『도가밀종여동방신비학』으로, 2018년 12월에 『중의의리여도가역경(中醫醫理與道家易經)』으로 그 초판들을 발행했습니다. 역자는 번역 원고를 이 초판본 원서와 다시 대조하였습니다.

　그리고 이 번역본 부록 중 「도가 신선수련의 학술사상[(道家神仙修煉的學術思想)」 그리고 「한(漢)·위(魏) 이후의 신선 단도파(漢魏以後的神仙丹道派)」 이 두 편의 글은, 2018년 발행 원서 초판본에서는 제외되었으나 강독 당시 원서의 일부로 실려 있던 것으로, 그 내용이 매우 유익하므로 번역 원고를 정리하여 실었습니다. 『대일경(大日經)』과 『금강정경(金剛頂經)』의 해제(解題)는 동국역경원 발행 출판본에서 전재하였습니다. 한편 그 내용이 추가 보완되어 2018년 출판된 『중의의리여도가역경』도 번역 원고가 정리되는 대로 출판할 계획입니다.

　강독 녹음을 청취 기록하신 정창숙 님, 그리고 편집 작업에 도움을 주신 정윤식 님에게 진심으로 감사드립니다.

2021년 10월 중순
장령산 심적재(深寂齋)에서
송찬문(宋燦文) 삼가 씁니다

차   례

일러두기

1. 이 책은 대만의 남회근문화사업유한공사(南懷瑾文化事業有限公司)가 2018년 10월 발행한 초판1쇄본의 『도가밀종여동방신비학(道家密宗與東方神祕學)』을 저본으로 완역한 것입니다.

2. 번역문의 각주는 역자의 주입니다. 역자가 보충한 자료는 역자보충이라고 표시하였습니다. 모르는 용어나 내용은 사전이나 관련 서적 등을 참고하되 특히 남회근 선생의 저작들을 읽어보기 바랍니다. 선생의 저작들은 전체적으로 서로 보완 관계에 있기 때문입니다.

3. 번역 저본에 나오는 중국어 인명과 지명 책이름 등의 고유명사는 중국식 발음으로 표기하지 않고 우리식 한자 발음으로 표기하였습니다.

4. 부록은 모두 역자가 더한 것으로, 「도가 신선수련의 학술사상」과, 「한(漢)·위(魏) 이후의 신선 단도파」이 두 편의 글은 2018년 발행 원서 초판 1 쇄본에서는 제외되었으나 그 이전의 원서의 일부로 실려 있던 것으로, 그 내용이 매우 유익하므로 번역 원고를 정리하여 실었습니다. 『대일경(大日經)』과 『금강정경(金剛頂經)』의 해제(解題)는 동국역경원 2007년 2월 26일 초판1쇄 발행본에서 전재하였습니다.

1. 도가·밀종·동방신비학

우주는 하나의 대 신비[大奧祕]이며, 인생도 하나의 대 신비입니다. 우주는 어떻게 천지만유를 생성했을까요? 이것은 대 신비 중에서도 신비입니다! 우주의 생명에는 어떻게 해서 인류가 있게 되었을까요? 사람은 어떻게 해서 생성되었을까요? 왜 죽어갈까요? 죽은 다음에는 영혼이 있을까요 없을까요? 살아있을 때 심령의 기능과 정신의 작용은 도대체 얼마나 큰 힘을 가지고 있을까요? 인간의 수명과 현재 살아있는 육체 생명은 오래도록 살아갈 수 있는 방법이 있을까요 없을까요? 이러한 것들은 모두 다 우주와 인생의 신비의 문제이자, 동서고금의 사람마다 간절하게 알고 싶어 하는 학문이기도 합니다.

우주와 인생의 신비

인류는 상고시대에 지식이 아직은 보편적으로 발달하지 않았습니다. 동방이든 서방이든 사람들이 이러한 문제들의 답안을 찾고 싶어 한다면, 오직 종교적인 해석과 신앙으로 나아갈 수밖에 없었습니다. 그래서 심령을 확고한 신념에 맡기고 더 이상 탐구할 필요가 없었습니다. 하지만 신념은 대체적으로 감정적인 작용에 편중

되어 있고, 지식 추구는 결국은 이지(理智)적인 요구에 기울어져 있습니다. 감정과 이지는 사람의 심리 속에서 흔히 자연히 서로 모순됩니다. 이지적인 지식 추구는 감정적인 신앙의 신뢰성에 대해서 회의할 수 있습니다. 그러므로 생각을 운용하는 지혜로운 사고는 지식을 추구하는 요구로써, 마치 재갈에서 벗어난 말처럼 자발적으로 종교의 범위를 뛰어넘어 자기의 지식을 운용하여 우주와 인생의 신비의 궁극[究竟]을 찾는 방향으로 걸어갑니다.

그래서 철학의 지식 추구 영역은 이로 말미암아 그 자체의 권위를 세웠습니다. 종교의 교의도 철학적 해석을 운용하여 종교의 진실을 증가시켜야 했으며, 사람의 생각 방향, 행위 도덕, 생활 의의도 철학으로써 그것의 선악 기준을 확정해야만 했습니다. 그러나 생각이라는 장난감을 오래도록 추앙하고 좋아하다 보면 사람들은 생각 그 자체의 신뢰성에 대하여 또 회의가 발생합니다. 그러므로 먼저 범위를 축소하여 생각 그 자체와 생각을 운용하는 방법인 논리학이 이로 말미암아 발생하여 전문적인 학식이 되었습니다.

하지만 우주와 인생의 갖가지 신비는 논리적인 운용이 있다고 해서 명확한 답안을 얻을 수 있는 것이 결코 아닙니다. 그러므로 과학은 철학이라는 호주머니로부터 벗어나와 두각을 나타냈습니다. 자연의 물리세계와 현재 존재하는 실제의 물질 속으로 향하여 궁극을 탐구해 가게 되었습니다.

종교 · 철학 · 과학 · 신비학

　지금까지의 과학연구 결과는 옛사람들에 비해서 더욱 진보했고 자연과 물리세계의 지식을 이해하게 되어서, 부분적으로 물질을 장악하고 물질을 운용 할 수 있게 되었습니다. 그리고 확실히 역사상 없었던 성적(成績)이 있습니다. 그러나 동서고금의 수천 년간 누적된 문화는 종교로부터 철학에 이르고, 철학으로부터 과학에 이른 오늘날, 인류의 지식의 범위는 멀리는 우주 허공에 이르고 작게는 틈이 없음[無間]에 들어갈 수 있게 되었습니다. 그렇지만 자신에게 절실한 생명의 신비를 여전히 이해하지 못하고 있으며 우주생명의 신비에 대한 결론을 아직 찾아내지 못했습니다. 이러한 각도에서 보면, 많고 많은 중생들이 뒤섞여 흥성 번화하게 살면서도 아직도 여전히 무지몽매한 상태에서 무식하고 무지한 채 그 영문을 모르는 인생을 살아가고 있다고 말할 수 있습니다. 그러므로 동서양의 문화 속에는 옛날부터 지금까지 전해지고 있는, 종교 같으면서 종교가 아니고 철학 같으면서 철학이 아니며, 종교이면서도 철학인 동시에 그 자체의 과학 정신과 작용도 있는 신비학이 여전히 그대로 우뚝 서서 넘어지지 않은 채 사람들에게 기꺼이 받아들여지고 기꺼이 추구되어지고 있습니다. 심지어 물질문명이 빠른 속도로 발전하고 있는 오늘날 더더욱 인기가 있고 더더욱 사람들이 그쪽으로 쏠리고 있습니다.

　이것은 무엇 때문일까요? 물질문명이 발달한 결과, 이 세계는 거의 기계적인 세계가 되었고 자연과의 거리는 갈수록 멀어지고 있기 때문입니다. 이 세계에서의 인생은 거의 기계적인 인생이 되어버려 무미건조해졌습니다. 그런데 신비학에서 중시하는 것은 비록 아직 인체와 자연 물리와의 관계를 떠나지 않았지만 그것은 정신 생명을 중시하는 학문이며, 그것은 정신 생명과 우주 생명의 종합적인 궁극을 추구하고 있습니다.

동방 고국의 신비 비밀

신비학 입장에서 말하면, 유구한 역사와 문화를 가진 동방의 오랜 나라인 중국이나 인도·이집트 같은 나라들은 모두 신비학의 오랜 원천입니다. 동방의 역사가 오랜 나라의 지극히 풍부한 신비의 비밀이 서양인들의 흥미를 불러일으키고 있을 뿐만 아니라, 대단히 주의 깊게 추구하기 시작했다고도 말할 수 있습니다. 그러나 현재 미국에서 유행하고 있는, 유럽에서 온 신비학은 대부분이 이집트 문화 계통으로부터 왔다는 것을 인정합니다. 그들은 인체의 잠재적인 기능을 연구하고 있는데, 사람이 스스로 갖추고 있는, 현실을 초월하는 힘의 신통묘용을 추구하는 경향이 있습니다. 이는 공상과학 소설 속의 경계와 비슷합니다. 상당한 일리가 있지만 그것이 전부는 아닙니다. 그러나 동시에 이집트 문화와 희랍 문화가 종합된 천문성상학(天文星象學)과 인류 생명과의 관계를 보존하고 있습니다. 이로부터 그것이 중국의 상고문화와 서로 공통점의 특색이 있다는 것을 알 수 있습니다. 이러한 추세경향이 있기 때문에

서양문화의 사상 속에서는 사람들이 점점 전생과 후세의 순환인과 관계를 믿고, 영혼의 존재를 믿을 뿐만 아니라 영혼 존재의 증명을 한참 추구하기 시작하고 있으며, 점점 영혼학(靈魂學)이라는 전문 학문이 형성되고 있습니다.

표면적으로 보면, 그것은 중국의 전통적으로 전해오는 도가 그리고 불교의 밀종과 약간 같은 점이 있는 것 같지만, 실제로는 그 사이의 차별과 같고 다름이 크게 문제가 있습니다. 중국 도가 방면의 학술에 대해서 말한다면 이해하지 못했습니다. 비록 어떤 사람이 도가 단도(丹道) 방면의 서적인 『태을금화종지(太乙金華宗旨)』를 영문으로 이미 번역했지만 그 번역이 정확한지 여부는 잠시 상관하지 말기로 하고, 결국은 아직 '3천 리 얕은 강물의 흐름에서 단지 한 바가지만 얻어서[弱水三千, 但只取得一瓢]' 마신 미미한 정도와 같을 뿐입니다.

도가 · 불가 · 서방 신비학파

근년 들어 중국의 도교와 신선 단도의 학술을 미국에 전하고 싶어 하는 사람도 있습니다. 그 뜻이 물론 가상할 만하지만 그 배움은 안타깝게도 충분하지 않습니다. 그런 조리 없고 장황한 도가의 피상적인 배움이 결코 도가학술을 진정으로 대표하면서 사람을 깊은 경지로 끌고 들어갈 수 있기에는 결코 부족하기 때문입니다. 오히려 불교에는 티베트에 남아 전해지는 밀종 서적과 일부 방법들이 19세기부터 시작해서 영국·프랑스 학자와 전교사들의 연구와 번역을 거친 몇 종류의 간결하면서도 요점적인 책들이 있습니다. 그런 불법 서적들은 불어와 영문으로 된 정확한 번역본들이 있습니다. 뿐만 아니라 일부분은 서방에 유행하는 신비학파에 흡수 융화되어, 남달리 새로운 것을 생각해내어 따로 하나의 격조를 세워 서방 신비학의 신비성을 더욱 심화시키고 있습니다.

하지만 안타깝게도 서방 문화사상의 출발점은 원시적 근본에 두 가지 지극히 큰 장애가 존재해서 형이상(形而上) 도의 진정한 해탈로 나아가는 길을 시종 가로막고 있습니다.

(1) 서방문화 사상은 기본적으로 유물(唯物)에 편향적입니다. 그래서 정신 영역의 신비와 형이상 도의 결론을 대단히 자연스럽게 모두 물리 작용으로 향해 귀착시켜서 철저하게 이해하기 때문에, 정신과 물질을 초월하는 궁극을 증득할 수는 없습니다.

(2) 서방문화의 기본정신은 처음부터 끝까지 신구약(新舊約) 성경의 가슴속에 간직되어 있습니다. 신비함을 파고 들어가서 인간의 습관적인 생각과 지식으로써 해석할 길이 없을 때까지에 이르면 여전히 그것을 종교적인 영역 속으로 미루어 들어가서 답안을 찾습니다.

이 때문에 우리들이 이제 중국 전통문화로서 옛날로부터 이어져 오는 인생과 우주의 신비학을 발전시키고 주창하고자 한다면, 반드시 학술적인 정리로부터 시작해서 과학과 결합된 탐구 증명을 찾아야 합니다. 그래야 지나간 선조들의 이름을 빛나게 하고 후손들을 유복하게 할 수 있습니다. 이밖에 일부 서양인들은 선종(禪宗)

도 역시 신비학 속으로 끼워 넣었는데, 이는 더더욱 심각한 문제입니다. 어찌 히피족들이 자기들의 연원을 동방 중국의 선(禪)과 도(道)의 품격에 두고 있다고 왜곡 사칭하는 데 그칠 뿐이겠습니까!

2. 밀종의 신비

밀종(密宗)은 중국 불교에서 10대 종파의 하나로 열거됩니다. '비밀교(祕密敎)'라고도 일컬어지며, 혹은 간단히 '밀교(密敎)'라고 일컬어지기도 합니다. 그 별칭이 '라마교(喇嘛敎)'인 것은 티베트어의 습관에서 온 것입니다. 왜냐하면 티베트에서 유행하는 밀교의 출가 승려들을 '라마'라고 부르기 때문입니다. 그러므로 '라마'란 말로 교의 이름을 붙였는데, 사실은 인사(人事)로서 교파의 대명사로 삼은 것입니다.

일본 밀교와 티베트 밀교

밀종의 기원 전설은 대략 두 갈래가 있습니다.

(1) 전통불교 관념의 입장에서는 이렇게 봅니다. 석가모니가 열반한 뒤 5~6백 년 사이(서기 150~250년 사이)에 인도불교에서 용수보살(龍樹菩薩)이라는 분이 출현하여(일설에는 용맹勇猛보살이라고도 합니다) 석가불이 남인도에 남겨 둔 한 철탑을 열고서 비밀종(祕密宗)의 경전을 얻었습니다. 이로부터 세상에는 밀종이 대대로 전해오게 되었습니다. 중국 당나라 때 현종(玄宗)시대에 이르러서 세

분의 인도 밀종대사가 중국에 왔습니다. 선무외(善無畏)·금강지(金剛智)·불공삼장(不空三藏) 이 세 분이 중국에 와서 밀종의 교문(教門)을 전했습니다. 다시 송(宋)나라 말기 원(元)나라 초기에 이르러서 몽고인들이 티베트의 밀교를 지니고 들어와 융회 과정을 거친 이후, 명나라 영락(永樂) 시기에 이르러서 밀종이 지나치게 괴이하다고 여기고는 명령을 내려 폐지하고 축출해버렸습니다. 그 이후에는 줄곧 일본에 전해졌습니다. 이것을 중국 불학사에서 훗날 '동밀(東密)'이라고 부릅니다.

(2) 티베트 밀교의 전설에 따르면 이렇게 봅니다. 석가불이 일생 동안 전수하고 설법한 핵심은 모두 다 공개적으로 설할 수 있는 것이었습니다. 그래서 그것을 현교(顯教)라고 부릅니다. 그런데 빠르게 성불하는 것을 갖추고 있는 비밀 수행법을 석가불이 말하게 되면 세속을 놀라게 할까 봐 걱정했습니다. 그래서 그의 일생을 마치도록 드러내놓고 말하려고 하지 않았습니다. 그가 열반한 지 8년째 이르렀을 때 세상을 제도하겠다는 마음의 서원을 위하여 밀법을 전수해야 할 필요가 있었습니다. 그래서 그는 신통으로 현화(顯化)하고, 다시 모태를 통해서는 세상에 출현하지 않았습니다. 또 남인도의 한 국가에서 때마침 국왕 부부가 뒤뜰에서 한가하게 노닐고 있을 때 연못 속의 커다란 연꽃들을 보았는데, 중간의 한 송이가 홀연히 보통과는 다를 정도로 커졌습니다. 잠깐 사이에 또 커다란 꽃술 속에서 한 갓난아이가 뛰쳐나왔습니다. 그가 바로 뒷날 밀교의 교주인 연화생(蓮花生) 대사[1]라는 겁니다.

---

[1] 파드마삼바바

(연화생 대사)

성장한 뒤에 장가들어 자식을 낳고 왕위를 계승하고 갖가지의 신통 위덕으로써 국정을 다스렸습니다. 그 뒤에 왕위를 버리고 두루 돌아다니면서 밀법을 전파했습니다. 네팔에 이르러서 왕이 잔인 포악하여 덕망을 잃은 것을 발견하고는, 그 지위를 빼앗아 대신하여 네팔을 위하여 국가를 잘 다스리고는 훌쩍 떠나 가버렸습니다.

중국의 당(唐) 태종(太宗) 시대에 그는 티베트에 들어가서 비밀종의 교법을 전수해주었습니다. 이로부터 티베트는 불교 국가가 되었습니다. 그는 전법(傳法)의 임무를 마치고는 티베트에서 백마를 타고 허공으로 올라가 자신의 이 세상 밖의 불국토로 돌아갔다고 합니다. 전하는 바에 의하면 연화생 대사는 영원히 18세 소년의 모습[色相]으로 세상에 머물면서 한 결 같이 늙지 않으며, 가끔 입가에 한 줌의 수염을 길러서 자신의 장엄한 보상(寶相)을 꾸몄다고 합니다. 티베트가 아직 중국의 일부가 되기 전에 밀교 신도들이 모여서 경건하고 정성스럽게 '호마(護摩)'라는 일종의 밀법을 닦으면서 많은 공양 물품을 불로 태우면 때로는 연화생 대사에게 감통(感通)하여서 그가 몸소 그 불 광명 속에 몸을 나타냈는데, 마치 우담바라가 한 번 나타난 듯하여 많은 사람들이 서로 보았다는 말들이 있습니다. 이 한 갈래의 밀종을 중국 불교사에서는 훗날 '장밀(藏密)'이라고 부릅니다.

티베트 밀교가 중국과 서방에 진입하다

과거에 티베트 밀교는 아주 비밀스럽게 티베트 국경 안에 굳게 지켜지고 있었습니다. 원나라 때 한 번 중국의 내륙 지역에 전해진 적이 있지만 얼마 되지 않아서 원나라 왕조의 세력과 함께 소실되었습니다. 청나라 초기에 또 한 번 전해 들어왔지만 대부분은 청 왕조의 궁정과 왕실에 국한되었습니다. 티베트 밀교가 부분적으로 유럽에 전해져 서방 신비학파에 섞여 들어가게 된 일은 18세기 사이입니다. 영국이 인도에 식민지 통치권을 세운 뒤에 또 티베트를 침략해서 삼켜버릴 생각으로 중국과 티베트 사이의 민족감정을 온 힘을 다해서 도발시키고 지역 정서를 선동하였습니다. 영국의 학자와 전교사(傳敎士)들은 이리저리 거쳐 티베트에 들어가 밀법을 학습했습니다. 동시에 프랑스의 전교사와 학자들은, 일부는 월남으로부터 운남(雲南) 변경지역을 통과해 티베트로 들어가서 학습했고, 일부는 영국을 통과해서 역시 인도로부터 티베트로 들어갔습니다.

중화민국 13년(1924년) 이후에 이르러서야 중국과 티베트 사이에 진실한 마음이 서로 통해서 현교와 밀교의 학인들이 비로소 왕래하게 되었습니다. 티베트 밀종의 각 종파의 알려진 약간의 라마 대사들은 속칭 '활불(活佛)'이라고 하는데, 몸소 중국 내륙으로 와서 밀교를 전했습니다. 그리하여 티베트 밀교가 내륙에서 점점 보급되었습니다. 더욱이 불교의 각 종파가 쇠락하였기 때문에, 사람들은 듣기를, 밀교에는 매우 비밀스런 법문이 있어서 빨리 성불할 수 있으며, 돈을 벌고 싶다면 밀교에는 재신법(財神法)이 있고, 세속의 남녀 부부관계도 버리지 않고 성불도 하고 싶다면, 즉 '여래도 저버리지 않고 그대도 저버리지 않는[不負如來不負卿]' 사람을 위해서는 남녀 쌍수법(雙修法)이 있으며, 벼슬자리를 구하고 명예를 구하는 사람을 위해서는 증익법(增益法)이 있다고 들었습니다. 요컨대 밀교는 '구하는 것이 있으면 반드시 응하고, 할 수 없는 것이 없는' 거의 그런 자태로써 출현했습니다. 뿐만 아니라 신통한 모습으로써 현혹시키고 뭐가 뭔지 알 수 없도록 허깨비로 잔꾀를 부렸습니다. 그것이 진짜였든 가짜였든 간에 밀교의 겉모습을 두드러지게 하는 이러한 작용들은, 얼마나 많은 선남(善男) 신녀(信女)의 신도들로 하여금 마음이 쏠리고 최고의 예의를 다하도록[傾心膜拜] 하였는지 모릅니다!

인류문화 발전사 관점에서 연구해 보거나 불교문화 발전사 입장에서 보면, 일본 밀교이든 티베트 밀교이든 그 원시 기원에 대한 전통적인 설은 정말로 지나치게 신비적이어서 사람으로 하여금 말 참견할 길이 없게 만들어 버립니다. 만약 종교적인 입장에서 본다면 오직 '믿음'만 있으면 됩니다. 조금이라도 의심하게 된다면 즉시 새나가 버립니다. 하지만 시대가 오늘날에 이르러 과학 문명이 도처에서 신비의 벽을 꿰뚫고 깊이 파고들어 연구하고 투시하는 이때에, 옛날 그대로를 고수하는 것만이 결코 상책은 아닙니다. 밀종의 방법이 만약 진정으로 세상 사람들에게 이익이 있다면, 다시 남인도의 철탑 자물쇠를 열어 재껴서 그 최상의 위덕을 세상 사람들에게 많이 주어 약간의 이익을 얻도록 하는 것이 무슨 방해가 되겠습니까? 만약에 신비의 큰 문짝을 열어 재껴 알고 보니 별 다른 것이 없는데도 구태여 옛것을 지키고 보존하려고만 할 필요가 어디에 있겠습니까! 그래서 제가 밀교를 말하겠습니다.

3. 신비한 밀종

밀종의 역사 연원은 이미 윗글에서 말했듯이 '일본 밀교'와 '티베트 밀교' 이 두 가지로 다르게 기술되어 전해져 오고 있습니다. 그러나 모두 다 복잡하게 뒤섞여서 분명하게 구별하기 어려움이 밀종의 신비를 더욱 증가시켰습니다. 현실적인 자료를 충실하게 믿는 학자들은 이러한 근거가 없는 설에 대하여 더욱 불신합니다. 심지어는 그것은 우매하고 거만한 미신이라고까지 조롱합니다. 경건하게 밀교를 신앙하는 사람들은 이렇게 신비하면서도 그러한 까닭을 밝히기 어려운 설에 대하여 아주 엄숙한 태도로 공경한 마음을 일으키면서 신기하고 존귀한 것으로 여깁니다. 사실은 양쪽 다 옳기도 하고 양쪽 다 그르기도 하다는, 어느 쪽도 확정된 결정론이 아닙니다. 밀종의 '밀(密)'은 지혜로운 투시를 통하여 그 근원을 끝까지 파고들어가 보면, 역시 그것을 분명하게 드러나게 하도록 할 수 없는 것은 아닙니다. 결론적으로 말하면, 현대 학술적인 입장에서 밀종을 연구함에는 무엇보다도 가장 먼저 그의 관건을 파악해야 합니다. 이른 시기의 일본 밀교 전설 속에서 그 '남인도의 철탑'을 열었다고 하는 '용수보살'로부터 말하기 시작해야 합니다. (보살은 산스크리트어, '보리살타' 번역음의 약칭입니다. 그 의미는 도道를 얻은 각자覺者라는 뜻입니다. 그러나 또 정情을 남겨서 세속에 들어가 널리 중생을 제도하는 자비대사慈悲大士입니다.)

신과 인간 사이에 가까운 용수

용수는 석가모니보다 5~6백 년 늦게 인도에서 출생했습니다. 어렸을 때 총명하고 영리함이 남달랐을 뿐만 아니라 신비한 학술을 좋아했습니다. 소년시기에 학우 두 사람과 인도 신비학을 두루 배운 적이 있었습니다. 전하는 바에 의하면, 이미 은신법술(隱身法術)을 수련해서 이루었습니다. 그의 학우와 함께 행위가 단정하지 못해, 밤에 왕궁에 들어가서 궁녀들을 희롱했습니다. 일부 궁녀들은 이 때문에 임신이 되어 온 궁정이 뒤집혔습니다. 국왕은 갖가지 방법을 썼습니다. 심지어는 술사로 하여금 궁에 들어와 요괴를 잡으라고 청했습니다. 그러나 이러한 모든 방법들이 아무 쓸모가 없었습니다. 나중에 대신의 건의를 받아들여서, 만약 귀신의 수작이 아니라면 필시 사람이 한 짓일 것이라고 판단했습니다. 그래서 밤새도록 궁중에 방어 병력을 배치하여 온 구석구석마다 두루 무사들을 풀어놓고는 창을 가지고 허공에 마구 찔러대고 휘두르되, 오직 국왕의 주변 3미터 이내만은 침입하지 말라고 했습니다. 결과적으로 용수보살의 두 학우는 살해되었고 법술의 영험효과를 잃어버려 사람 몸을 드러냈습니다. 오직 용수만은 숨을 죽인 채 국왕의 몸 뒤에 숨어 있으면서 경건하게 부처님을 향해 기도하고 죄악을 참회하는 소원을 빌고 맹세했습니다. "제가 이 고비를 넘기면 곧 출가하겠습니다." 이 때문에 비로소 죽음을 면했습니다.

용수는 출가한 후, 불법에 몰두한 지 얼마 되지 않아 대소승의 불경 등을 두루 학습했을 뿐만 아니라 융회 관통하여 조금도 의심스러운 점이 없었습니다. 그래서 '불법이 이와 같을 뿐이로구나.' 라고 생각하고는 석가모니가 교를 세울 수 있었던 바에야 그도 당연히 한 격조를 독자적으로 세울 수 있다고 여겼습니다. 전하는 바에 의하면 이 때문에 용왕이 감동하여 몸을 나타내어 그가 용궁의 장경각(藏經閣)에 와서 수장(收藏)되어 있는 진정한 불학경전 등을 참관하는 것을 환영하였습니다. 그는 용궁의 도서관에서 백마를 탄 채로 불경들의 제목을 3개월이나 보았는데도 전부 다 보지 못했습니다. 그래서 크게 굴복되어 자기의 오만한 생각을 버리고는 곧 용왕과 상의하기를, 인간 세상에 아직 전해지지 않은 『화엄경(華嚴經)』 한 부를 취하겠다고 했습니다.

전하는 바에 의하면 용수가 용궁으로부터 취해 온 『화엄경』은 모두 합하여 십만 게(偈)가 있었습니다. (인도 상고의 원시 불학은 장단구의 시가詩歌 방식 형식으로 기술하기를 좋아했습니다. 뒷날 중국어로 번역될 때 경문 밖에 또 장단구의 운율적인 말이 있는데, 그것을 게어偈語라고 합니다). 중국의 불경 중에 산스크리트어로부터 번역해 낸 세 종류의 『화엄경』 중에서 가장 완비된 한 부도 80권 밖에 없습니다. 전하는 바에 의하면 용수는 겨우 원래 경전의 1만분의 1만을 번역했을 뿐이라고 합니다. 뒷날 용수가 법좌에 올라 설법할 때에도 때때로 신통을 나타내어, 청중들로 하여금 법좌석에 하나의 둥근 빛의 바퀴만 보이고 그 목소리만 들릴 뿐 그 사람은 보지 못하게 했다는 말들이 있습니다.

중국 불교 8개 종파의 종조 — 용수

　용수보살의 개인적인 역사 이야기에 관해서는 불교『대장경』속에 별도로 그의 전기에 대한 전문적인 저작 자료가 있습니다. 번역문은 비록 그리 우아하지 않지만 대체로 읽을 만하며 참고로 삼을 만합니다. 그런데 용수가 저작한『중론(中論)』그리고『반야경(般若經)』과 관계가 있는『대지도론(大智度論)』등과 같은 불교의 중요 경전들은 확실히 불학의 중진(重鎭)이며 사상이 정밀하고 의미가 심오하여서 절대로 경시할 수 없습니다. 뒷날 중국으로 전해온 불교는 4~5백 년 간의 흡수 융회를 거쳐서 당나라 시대까지 중국 불교의 10대 종파가 성립되었습니다. 그런데 용수보살은 중국 불교의 8개 종파의 종조(宗祖)가 되었습니다. 선종(禪宗)·밀종(密宗), 유식종(唯識:법상法相)·천태종(天台宗)·화엄종(華嚴宗)·삼론종(三論宗)·성실종(成實宗)·정토종(淨土宗) 등인데, 그야말로 그는 불교 속의 주요 약(藥)이라고 말할 수 있어서 각 처방마다 들어가지 않는 부분이 없습니다. 정말로 그리 간단하지 않으며 결코 우연한 일도 아닙니다.

　이러한 비교적 간명한 용수보살의 역사자료를 알고 나서, 만약 고증 방법으로써도 그 증거를 구한다면, 사실 그럴 필요가 없습니다. 예컨대 그 용왕이 어떤 사람의 이름을 대표하느냐의 등의 문제들은 모두 다 해결할 수 없는 사실들입니다.

　(1) 왜냐하면 상고에서부터 중고시대까지의 인도 문화는 이미 검증할 만한 문헌이 없기 때문입니다. 과거 인도인들은 그 자신들

이 역사를 중시하지 않았고, 후세의 인도 문화사는 모두 다 19세기 이래 영국의 동인도회사가 성립된 이후부터서야 비로소 유럽의 학자들이 중고시대 이후의 남아있는 자료들을 수집하기 시작하여 추측을 통해 고증하면서 다른 의도를 갖고 별의별 궁리를 다해 인도 문화사의 체계를 세웠기 때문입니다. 이것은 다시 조심스럽게, 중국 불경 속에 보존되어 있는 자료 속에서 그 증거를 구해야 비로소 옳습니다. 왜냐하면 대승불교가 인도에서는, 중국의 송(宋)대 중엽에 해당하는 시기에 이미 종적을 감춰 버리고 완전히 남북인도로부터 중국에 전해 들어와 중국불교가 되어버렸기 때문입니다.

(2) 이 세상의 신비학은 만약 하나하나 고증해 낼 수 있다면, 그것은 신비의 가치를 잃어버리고 신비하지 않게 되어버립니다.

그러나 중국 근세와 현대에 불학을 연구하는 학자들도 고증을 조금 중시하고 새롭게 평가하면서, 불교 역사상 '남천철탑(南天鐵塔)'을 열었다고 일컬어지고 밀종을 전승했다는 대사(大師)는 '용수'가 아니라 따로 사람이 있는데, 그 이름이 '용맹(龍猛)'이라고 생각했습니다. 그래서 '용맹'과 '용수'는 둘이면서 하나이고 하나이면서 둘인, 분명하지 않은 설이 되어 더더욱 정론이 없게 되었습니다! 하지만 어쨌든 간에 밀교는 유식학과 마찬가지로 대체로 말하면, 모두 석가모니 부처님이 열반한 이후 5백 년 사이에 시작하여 8백 년에 이르는 기간 사이에 인도 후기 불학을 집대성하였다는 점에 대해서는 의심할 바가 없습니다.

인도 문화의 종교와 신비 학술

　용수보살을 밀종 중심의 관건으로 파악하고 있으면서, 잠시 불교는 밀쳐두고, 다시 인도 문화 발전사의 또 하나의 관건을 연구해 보면, 고대 인도의 문화사상은 줄곧 종교와 신비학술에 편중되었다는 것을 이해해야 합니다. 특히 남인도 방면은 고대 세계 신비학술의 발상지로서, 이집트와 중국·희랍·대서양 문화 계통 등 신비학과 모두 일맥상통하는 관련 부분이 있습니다. 그런데 인도의 종교학 방면은 조금 강조하여 말하면, 중고 시대 이래로 각지에 흘러들어 전해져 창립된 종교들과 모두 밀접하고도 비밀한 관련이 있습니다. 이는 마치 고대 인도의 향료처럼 동서양 쌍방이 모두 그곳으로부터 수입한 것과 같습니다. 만약 말하기를 이 방면에 있어서 바로 인도 전통문화의 영광이라고 한다면, 이를 받아들여도 전혀 손색이 없습니다. 이 밖에는 또 따로 논해야 합니다!

　석가모니가 불교를 창립하기 이전에 인도에 원래 존재하고 있던 종교로는 바라문교(婆羅門教)가 있었습니다. 그 바라문교의 교사(教士)들은 역시 인도 역사상 제1등 계급의 인물들이었습니다. 바라문과 동시에 존재하면서 선후로 세상에 널리 퍼졌고, 심지어는 석가모니가 불교를 창립했을 때에도 동시에 성행하고 있으면서 비교적 방대하고도 역량이 있었던 것으로는 또 유가사파(瑜伽士派) 등등의 많은 파들이 있었습니다. 즉, 불경에서 자주 언급되는 외도육사(外道六師)들입니다. 그들은 모두 바라문교와 마찬가지로 불교 이전에 출가 수행하며 채식 고행하는 등의 제도와 관습이 있었습니다. 중국 불학에서 번역한 산스크리트 단어인 이 '사문(沙門)'이 라는 명사는 고대 인도에서는 모든 출가 수행인들을 가리키는 공통 명칭이었습니다.

석가가 불교이론을 창제하고 수행 증득한 후로부터 비록 생애가 다할 때까지 49년 동안 설법하여 올바른 도리[正理]를 널리 전파하고 당시 인도에 성행했던 많은 종파들의 철학 이론(그 안에는 유물사상, 방임주의, 고행을 도로 삼는 사람들, 바라문교의 종교철학으로서 신아독존神我獨尊의 관념을 주장하는 사람들이 포함됩니다)을 반박했습니다. 그러나 진정으로 석가모니 가르침을 가슴에 새겨 잊지 않고, '연생성공(緣生性空)', '성공연기(性空緣起)'의 '반야정관(般若正觀)'을 믿는 사람들의 숫자는 그리 많지 않았습니다. 뿐만 아니라 당시에 그의 교화가 미쳤던 지역은 대부분은 중인도와 북인도 인근 일대였으며, 남인도의 구역에 완전히는 도달하지 않았습니다.

석가 열반 뒤의 불법

석가가 열반한 이후에 그의 제자들은, 또 계율(제도)을 듣고서 마음으로 이해했던[心得] 견지가 달랐기 때문에 점점 20여 개의 파벌로 나누어졌습니다. 그리고 대부분은 소승의 불학사상에 속하면서 서로의 견해 논쟁이 4~5백 년 동안에 걸쳤습니다. 그런데 대승불학의 기초를 마련한 것을 말하면 사실 마명(馬鳴)보살이 그 선하(先河)를 열었습니다. 하지만 석가가 아직 완성하지 못했던 교의 전파[傳敎]의 대업으로 하여금 '반야공관(般若空觀)'과 '비공비유(非空非有)'의 '중관(中觀)' 체계를 완성하게 하였던 것은, 실제로는 석가가 떠나간 뒤 4~5백 년 사이로부터 '용수'가 흥기하였기 때문과 밀접한 관계가 있습니다. 바꾸어 말하면 용수는 불교 이외의 각종 각파의 외도들을 두루 배운 적이 있었기 때문에, 그들의 관습적인 방법을 이용하여 한 데 모아 반죽해서 또 하나의 체계를 이룩한 것입니다. 하지만 불학의 중심 견지와 사상을 그 속에 주입해 넣으면서도 사람들의 고유 신앙의 관습을 거스르지 않았기 때문에, 기꺼이 받아들이게 함으로써 불법이 널리 전파되도록 했으니 그 공훈이 매우 위대합니다. 그러므로 밀종은 사실 바로 인도 각 종파의 신비 학술의 총집대성이라는 것을 알 수 있습니다. 그리고 밀교의 중심 견지와 사상은 부처님의 위대한 가르침[大敎] 속으로 모두 돌아갑니다.

현교와 밀교의 불법을 진정으로 개업하고 널리 보급한 것은 뒷날 인도의 이름난 왕이면서 불교를 독실하게 신앙했던 '아소카왕'의 힘이었습니다. 그러나 이러한 전파는 다만 원시적인 일본 밀교에 국한되어 말한 것입니다. 뒷날 티베트 밀교가 건립한 대소승 불학의 완전한 체계의 이론과 관련하여, 석가와 용수도 오히려 원만함에 이르지 못했던 교리로 하여금, 유식(唯識) 심학(心學)의 체계와 단계를 완성하게 한 것은, 그 공훈을 석가모니 부처님과 시대적으로 8백 년 떨어진 뒤에 미륵(彌勒)의 법통을 더욱 발전시킨 무착(無著)과 세친(世親) 두 형제에게 돌려야 합니다. 이 때문에 뒷날의 티베트 밀교의 학술 이론으로 하여금 현교와 밀교의 학술을 한 체

계로 꿰뚫어서 일반적인 조리 갈피를 이루게 하였고, 반야(般若)의
필경공(畢竟空)과 유식(唯識)의 승의유(勝義有)를 융회 관통하여 한
덩이로서 두 가지로 쓰이게[一體兩用] 함으로써. 불학의 심오한 이
치가 한 층 더 올라가 밤하늘의 은하수를 바라보는 정도까지 도달
하게 한 데는 진실로 막대한 공훈이 있습니다.

4. 밀종의 이론 근거

일본 밀교와 티베트 밀교가 표방하는 역사적 연원(淵源)이 얼마나 오래 되었든 간에 그 불학과 수행법 이론에 대한 완전한 체계는, 비록 석가가 열반한 뒤 8~9백 년 사이에 무착과 세친 두 형제가 유식 법상학(法相學)을 완성한 이후부터 밀종 수행법을 위하여 일련의 완전하고 정밀하며 자세한 이론을 세웠지만, '유식'과 '반야', '중관'의 자세한 의의에 근거하여 밀종의 '즉신성불(卽身成佛)'의 깊은 교의를 확립한 것은, 티베트 밀교의 발전 계통 속에서 초당(初唐)에서부터 시작하여 명(明)대에 이르기까지 '아티샤 존자'가 『보리도거론(菩提道炬論)』을 저술한 것부터 시작하여 쫑까파 대사가 『보리도차제론(菩提道次第論)』을 저술함에 이르러서야, 정식으로 완성되었습니다.

그 다음으로 초당에서부터 원(元)·명(明)대까지 사이에 홍교(紅敎)의 '대원만(大圓滿)'[2]이나 화교(花敎)의 '대원승혜(大圓勝慧)'나 백교(白敎)의 '대수인(大手印)' 등등의 수행법은, 역시 '유식'과 '반야'의 견지(見地)에 바탕을 두고 있을 지라도 '중관'의 수행법이라기보다는 '선종(禪宗)' 심법(心法)의 '원류는 같지만 그 파가 다른 것[同源異派]'이라고 말하는 게 비교적 적당합니다. 다시 그 다음으

---

2) 남회근 선생의 『밀교대원만선정강의』 번역본이 출판 되어 있으니 읽어보면 밀교 용어들을 포함하여 밀교 이해에 많은 도움이 될 것임.

로 일본 밀교 수행법 이론은 비록 '유식'의 큰 계통[大系]을 완전히는 채용하고 있지 않지만 그 주요 핵심이 실제로는 유식의 '승의유(勝義有)' 관(觀)을 떠나지 않습니다. 이러한 학술적 이론의 근거 이유에 관하여는 관련 부분이 너무나 넓으므로 잠시 얘기하지 않겠습니다.

대일여래와 우주만유의 본체론

일본 밀교의 가장 기본적인 대경(大經)은 바로 『대일경(大日經)』과 『금강정경(金剛頂經)』입니다. 『대일경』은 '비로자나불(毗盧遮那佛)'을 밀교의 본존(本尊)으로 삼습니다. 즉, 별칭으로는 '대일여래(大日如來)'라고 합니다. 그는 법계의 유일무이(唯一無二)한 일존(一尊)입니다. 철학 용어를 빌려서 말하면 그는 우주를 초월하는 유일무이한 본체입니다. 불학 명사로는 바로 '법신불(法身佛)'입니다. 그는 자성(自性)과 더불어 권속(眷屬)이 됩니다. '우주만유는 모두 다 비로자나 부처님의 자성본능(自性本能)의 부속품이다'는 말과도 다름없습니다. 그는 비밀적인 금강계(金剛界: 파괴될 수 없는 진리의 세계)라는 '마음의 궁전[心殿]' 속에서 영원히 끊임없이 모든 법락(法樂)을 스스로 누립니다. 『대일경』이 말하는 도리와 경계는 그 자신이 증득한 '성지(聖智)'3) 경계를 말하는 것입니다.4)

---

3) 통하지 못하는 바가 없는 총명예지를 말함.

4) 부록의 이 두 경전에 대한 해제를 참조하기 바람.

『대일경』이 말하는 이러한 기본원리들을 통하여 우리가 알 수 있듯이, 사람이 본래 스스로 갖추고 있는 것으로서 우주만유를 초월하는 자성본능이 근본적으로 스스로가 갖추고 있는 비할 바 없는 순수한 진[純眞]과 지극한 선[至善], 지극한 미[至美]의 만유 기능은, 바로 법계 우주만유와 인간 본성 자아의 주재자입니다. 이밖에는 또 기타의 다른 제1 원인은 없으며 인간이 그에게 봉헌해야 할 성과(成果)는 더더욱 아닙니다. 그것은 바로 소아(小我)로부터 본래 있는 대아(大我)로 돌아가는 것입니다. 뿐만 아니라 너니 나니 그 사람이니 하는 분별이라고 할 것이 없는 진아(眞我)입니다. 그렇다면 그는 현교와 밀교가 서로 공통되는 『화엄경』에서 말하는 '비로자나불'의 원리와 완전히 일치합니다. 그리고 유식학이 표방하는, 인성(人性)과 중생이 공유하는 동체(同體)인 '아뢰야(阿賴耶) 장식(藏識)'의 정반면(正反面), 그리고 본래 스스로 갖추고 있는 '진여(眞如) 성체(性體)'의 이론 원칙과도 완전히 서로 부합합니다. 뿐만 아니라 『화엄경』을 '용수' 보살이 번역했듯이 『대일경』도 '용수'가 번역했습니다('용맹'이 번역했다는 설도 있습니다). 『화엄경』은 유식학의 토대가 되는 중요 경전인 동시에 밀종으로도 통하는 대경(大經)입니다. 이로부터 알 수 있듯이 후기 불학에 밀교가 있는 것은 용수보살과 전후 관계가 있음을 어렵지 않게 탐색하고 알 수 있습니다.

마음이 쏠리는 즉신성불

　　그러나 일반 현교의 불학은, 대승과 소승의 이론과 수행법을 막론하고 보통 평범한 범부가 수행하여 성불하고 성인의 단계까지 증득하려면 사실은 대단히 어려운 일이라고 말합니다. 소승불학에서는 적어도 죽은 후에 다시 사람으로 거듭 태어나서 계속적으로 여러 생을 수지(修持)해야 비로소 과위를 증득할 수 있다고 봅니다. 대승불학의 유식 법상종에서는 범부로부터 성불에 이르는 길은 반드시 3대겁(三大劫)을 거쳐야 한다고 여깁니다. 무수한 횟수의 세계의 성주괴공(成住壞空)을 거치고서야 비로소 성취할 가능성이 있다는 말이나 다름없습니다. 일반인들이 불법을 배우고 도를 배울 때에 아무래도 많든 적든 간에, 잠재되어 있지만 자기도 스스로 모르는 대가(代價)를 바라는 공리관념(功利觀念)이 있을 수 있기 때문에, 다생루겁(多生累劫) 동안 수지하여 성불한다는 설과, 요원하면서도 파악할 수 없는 도덕적 승화와 선행의 결과에 대해서 바라보고서는 뒷걸음칠 치거나, 아니면 대다수는 중도에 그만 두게 됩니다. 지성(至誠)으로 수학하면서 좋지 않는 일, 우여곡절, 곤란을 당하면서 영원히 퇴보하는 의지가 없기는 지극히 어렵습니다. 오직 선종만이 '명심견성(明心見性), 돈오성불(頓悟成佛)'을 표방하여 비교적 흡인력이 풍부해서 일반인들로 하여금 추구하고자 하는 갈망을 일어나게 할 수 있습니다. 이외에 밀종의 '즉신성불(卽身成佛)'의 호소는 더욱 사람들을 황홀하게 할 수 있습니다.

　　이 밖에 불학의 수행법 중에서 현교의 어느 종파든, 내지는 선종이든 선정의 정려[靜]—지관(止觀) 등의 방법을 채용하여 수지의 수단으로 삼는 것 이외에, 그 나머지 학술 이론은 대체적으로 모두 다 지혜로써 사유하여 얻은 성과입니다. 뿐만 아니라 아득히 넓어 망연자실해지면서 그 끝을 다하기 어렵기 때문에, 지혜가 얕은 일반인들이 의거하기 어렵다고 느끼게 되고, 더더욱 절대적으로 파악하는 일은 없습니다. 그런데 밀종에서는 어떨까요? 삼밀(三密)5) 의 가피공덕을 제시하여 사람들로 하여금 쉽게 '즉신성불'의 효과를 얻게 합니다. 게다가 갖가지 수행 의식을 내놓아 밀종을 수학하는 사람으로 하여금 밤낮으로 '유위(有爲)'에 바쁘게 하여 '무위(無爲) 열반(涅槃)'의 성과에 도달하기를 추구하게 할 수 있습니다. 이 것은 사람들이 얼마나 좋아하는 일입니까? 그것은 경제적 가치는 높으면서 원가는 비교적 저렴한 성불의 첩경이라고도 할 수 있습니다. 그러므로 석가모니 부처님의 유언 중에 언급하시길, 후대 말세의 시기에는 대승불학의 지혜 성취의 학은 하나씩 하나씩 쇠락해지고 유독 밀교와 종교적 신앙을 갖춘 정토종만이 비로소 끊임없이 유포될 수 있을 것이라고 했는데, 오늘날의 추세와 사실에서 증명해보면 그 예언과 매우 비슷합니다.

---

5) 밀교에서 말하는 '비밀스러운 삼업 (三業)' (신구의身口意에 의한 행위)이란 뜻. 그러나 현교(顯敎)에서는 범부로서는 헤아릴 수 없는 삼업(三業0을 뜻함. 밀교에서는 통불교(通佛敎)와는 달리, 이를 부처님과 중생의 두 측면에서 두 가지로 해석. 중생의 측면에서 보면 신구의가 모두 부정적이지만, 부처님 편으로 보면, 부처님의 나투심은 매우 미묘하여 범부로서는 알 수 없는 것이므로 밀(密)이라 말함.

밀종의 삼밀 중 신밀

밀교에서 말하는 삼밀(三密)은 신(身)·구(口)·의(意) 세 가지 내용의 신비한 비밀[神密]입니다. 이른바 신밀(身密)이란 귀납하면 마땅히 두 가지 의미가 있습니다.

(1) 인체에 본래 있는 심오한 비밀로서, 그것은 천지우주의 기능과 본래 상호 소통하는 작용을 갖추고 있습니다. 단지 사람들이 큰 지혜를 통한 이해가 없고, 합리적인 방법을 통한 수지가 없기 때문에, 영원히 위대한 기능작용을 일으키지 못합니다.

(2) 밀교에서는 갖가지 아주 먼 상고에 연원을 둔 전통적인 방법이 있어서 밀법을 수학하는 사람의 몸에 가피하면 그로 하여금 적은 노력으로 많은 효과를 거두게 할 수 있으므로, 신속하게 신인(神人)과 서로 통하고 하늘과 사람이 일체가 되도록 하며[天人一體], 나아가서는 성불에 이르고 성인을 이룰 수 있다고 봅니다.

그러나 일본 밀교와 티베트 밀교의 범위에서 얘기하면, 신밀의 이치와 수행법에 관하여는 각각 다른 기초가 있습니다. 일본 밀교 입장에서는 인체의 양 손의 열 손가락을 심리적인 상상(想像)의 의념과 짝을 이루게 하고 어떤 수행법에 부합시켜서 서로 각각 다른 수인(手印)을 이루면(중국 도교에서는 이것을 염결(捻訣)이라 합니다), 밀법을 수학하는 사람을 가피하는 효력을 일으킬 수 있습니다. 그러므로 인체의 열 손가락에 비할 바 없는 잠재적인 능력의 심오한 비밀이 갖추어져 있음에 대하여 연구해 볼 필요가 있습니다. 그런데 티베트 밀교 입장에서 보면, 수인의 위력이외에도 인체의 기[氣機]

맥[內腺]의 작용에 관하여는 '즉신성불'과 '우주와 인간의 상호 교류소통[天人互通]'의 심오한 비밀을 본래 스스로 갖추고 있으며, 거의 중국 도가의 기맥설과 서로 어울려 빛나서 더욱 광채를 더할 수 있다고 봅니다.

손가락의 비밀스런 명칭

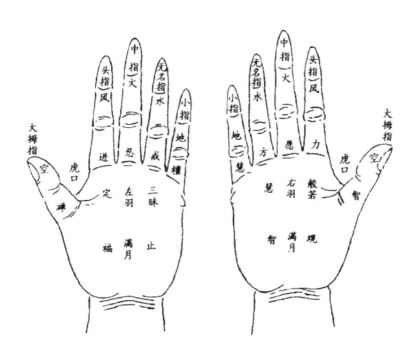

경궤(輕軌) 중의 손가락에는 비밀스런 명호가 많습니다. 이제 출행기(出行記) 중에 사용되는 것을 보여 주겠습니다. 두 손을 이우(二羽) 또는 만월(滿月)이라 합니다. 양 팔을 양익(兩翼)이라 합니다. 또 열 손가락을 십도(十度, 십바라밀)라고 하며, 십륜(十輪) 또는 십봉(十峰)이라고도 합니다. 오른쪽 손은 반야(般若)라 하며, 관(觀)·혜(慧)·지(智) 등이라고도 합니다. 왼쪽 손은 삼매(三昧)라고 하며, 지(止)·정(定)·복(福) 등이라고도 합니다.

십도를 부를 때, 왼쪽 새끼손가락으로부터 차례차례 위로 세어 올라가면 단(檀)바라밀·계(戒)바라밀·인(忍)바라밀·진(進)바라밀·선(禪)바라밀, 오른쪽 새끼손가락으로부터 차례차례 위로 세어 올라가면 혜(慧)바라밀·방(方)바라밀·원(願)바라밀·역(力)바라밀·지(智)바라밀입니다. 오륜(五輪)의 밀호(密號) 또한 그러합니다. 왼쪽, 오른쪽 새끼손가락으로부터 차례차례 위로 세어 올라가면 즉, 지(地)·수(水)·화(火)·풍(風)·공(空)입니다. 그림과 같이 알아야 합니다.

이러한 밀종의 수인들을 보면 식견이 얕은 자들은 '마술놀이'라거나 혹은 어린애들의 '요술부림'과 같다고 가볍게 생각할지도 모릅니다. 사실 이것은 인체광학(人體光學)과 인체전기학(人體電學)의 오묘한 신비입니다. 장래 과학의 더욱 진보 발전과 결합해보면 아마 서서히 그 내용을 이해할 수 있을 것입니다. 지금은 자세히 말할 시간이 없고, 게다가 몇 마디로 다할 수 있는 것도 아니니 잠시 나중 일로 하여 이후에 전문적으로 논하겠습니다.

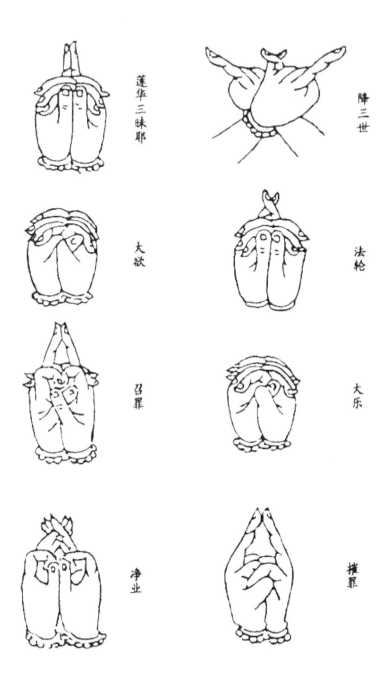

蓮華三昧耶

降三世

大欲

法輪

召罪

大乐

净业

摧罪

5. 사람 몸의 내밀(內密)

밀종 수인의 신비에 관하여

　일본 밀교의 신밀(身密)은 '수인'의 결합을 중시합니다. 앞 그림
에서 열거한 도식은 단지 '수인'에 관한 부분적인 자태일 뿐입니
다. 밀종 '수인'의 종류는 너무나 번다하기 때문에 잠시 생략합니
다. 요컨대 밀종의 이론에서 양 손의 열 손가락은 밖에 대해서는
법계 불성(우주본체의 기능)과 서로 통하고, 안에 대해서는 오장육부
와 서로 통합니다. 그러므로 밀법을 닦을 때 '수인'을 맺으면 법계
중의 이미 성취한 모든 불보살의 신밀과 서로 감응이 되어 서로 호
응하여 빠르게 성취하는 효과를 증가시킵니다. 동시에 자신의 몸
도 불보살님의 신통 기능작용을 갖고 있는 것과 마찬가지입니다.
　사실은 '수인'이 신비한 효력을 갖추고 있다는 데 대한 관념은
결코 불법의 밀종이 처음으로 이론을 만든 게 아니라, 이미 인도
고유의 바라문교 중에 '수인' 작용 중시가 유행하고 있었습니다.
중국 진한(秦漢) 시대 이후의 도가의 '부록파(符籙派)'의 방사들에
게도 이미 '염결(捻訣)'이라는, 수인을 맺는 재밋거리가 있었습니
다. 심지어 일부 특별히 도가를 숭배하고 중국 문화를 애호하는 인
사들은 밀종의 '수인'과 '기맥의 학문', 나아가서 인도의 '요가술'

은 모두 다 중국으로부터 전해진 것이라고 여겼습니다.

이것은 북위(北魏) 이후와 당말(唐末) 오대(五代) 시대의 도교 무리들이 『노자화호경(老子化胡經)』이라는 도서(道書) 경전을 날조하여 말하기를, 노자가 푸른 소를 타고 함곡관(函谷關)을 지나 서쪽으로 유사(流沙)를 건너서 인도에 도착해서 둔갑술로 갑자기 변신하여 석가모니가 되었다라고 하는 것에 해당합니다. 아울러 불교계에서도 서로 양보하지 않고 불경을 날조해서 말하기를, 가섭존자가 중국에 와서 돌아다니며 교화할 때 둔갑술로 갑자기 변신해서 노자(老子)로 변했다고 했으며, 유동보살(儒童菩薩)이 서원을 타고 와서 공자(孔子)로 변했다고 했습니다. 이런 것들은 모두 편협한 종교적 정서와 종교적 심리에 바탕을 둔 훼방 행위로서, 스스로 시끄러운 일을 사서함으로써 터무니없는 말을 만들어 쓸데없이 식자들의 조롱과 혐오의 대상이 되었습니다.

인체 기맥과 관계가 있는 심오한 비밀

그러나 초당(初唐) 시대가 되자 연화생(蓮花生) 대사가 북인도로부터 티베트에 들어가 전수하여 남아 유포된 티베트 밀종이 시작할 때부터, 인체 신밀의 심오한 비밀에 대하여 삼맥칠륜(三脈七輪) 혹은 간단히 삼맥사륜(三脈四輪)이라고 일컫는 학설이 갑자기 나타나서 밀종과 요가술 등 일체의 수련법 내용을 포괄했습니다. 이로부터 발전하여 연화생 대사로부터 시작된 전통의 티베트 밀교는 색신(色身)(현재 있는 이 몸)의 수지 방법에 대해 종합하여 '기(氣)'를 닦고, '맥(脈)'을 닦고, '명점(明點)'을 닦고 '졸화(拙火: 영렬靈熱과 영능靈能이라고도 합니다)' 등을 닦는 성취 단계가 있게 되었습니다. 동시에 마음을 닦는 심법(心法)에 대하여는 종합하여 '가행유가(加行瑜伽)', '전일유가(專一瑜伽)', '이희(희론)유가(離戲(戲論) 瑜伽)', '무수무증(無修無證)' 등의 성취 단계가 구성 되었습니다. 다시 색신 수행법 부분으로부터 기맥을 상세하게 해부 분석하여, 삼맥사륜(三脈四輪)으로부터 시작해서 정륜(頂輪)은 32맥을 개괄하고, 후륜(喉輪)은 16맥을 개괄하며, 심륜(心輪)은 8맥을 개괄하고, 제륜(臍輪)은 64맥 등을 개괄함으로써, 모두 120맥의 생명의 심오한 비밀에 관련된 정밀한 이론이 있게 되었습니다. 뿐만 아니라 인체의 기맥과 우주의 기능과는 사실 직접 관련되는 오묘함이 있다고 생각합니다.

일본 밀교와 티베트 밀교의 인체 기맥에 대한 관념을 이해하고 나서, 이로부터 도가의 기맥(기경팔맥奇經八脈) 이론과 서로 대조하고, 중국 고유의 의리학(醫理學)—『황제내경(黃帝內經)』·『난경(難經)』 등의 학술이론과 결합시키고, 다시 현대 생리해부학·신경학·내분비학 등과 서로 창조적으로 설명하고 발휘한다면, 인체생명 신비에 대한 연구에 대하여 더욱 깊은 새로운 발견이 있게 될 뿐만 아니라 인류의 의학에 대해서도 반드시 더욱 중요한 공헌이 될 것입니다.

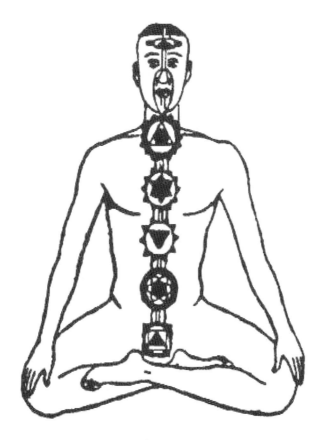

三脈六輪圖

(삼맥육륜도三脈六輪圖)

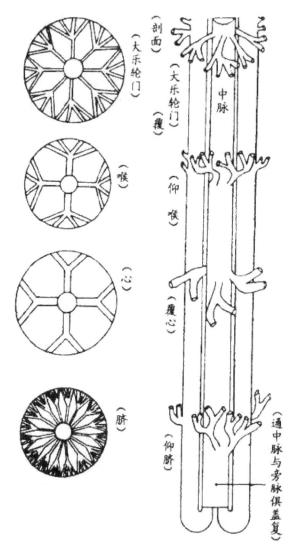

三脈四輪圖(此等脈輪空通全身并通中脈旁脈)

삼맥사륜도(三脈四輪圖) (이러한 맥륜脈輪 등은 비어서 전신에 통하여 중맥中脈과 방맥旁脈으로 서로 통한다)

유감스럽게도 현대의 과학연구는 단지 과(科)별로 분업적인 정밀한 분석을 추구할 뿐, 분석한 이후의 귀납적인 종합적 연구가 되지 않습니다. 그래서 이 분야를 통한 사람은 저 분야를 통하지 못하게 되어서, 서로 자기만 옳다고 생각하는 주관적인 선입견으로써 옹고집을 부리면서 서로 다투어 공격하고 비난하고 있습니다. 몹시 안타까운 일입니다.

하지만 유럽과 아메리카의 신비학 연구자들은 1~2백 년 동안에 이리저리 전수받아 익히면서 티베트 일부의 중요한 교의를 흡수 융회하여 신비학 내용으로 변화시키고는, 도리어 자기들 멋대로 대서양이나 이집트 문화의 상고시대 연원으로부터 온 것이라고 일컫고 있습니다. 지금은 점점 발전하여 과학 중의 '초심리학(超心理學)' 범위로 진입하여 더욱 깊은 연구를 추구하고 있습니다. 그리고 앞날의 변화는 반드시 볼만한 것이 크게 있을 것이며, 지금의 자연과학에 갇혀 있는 사람들이 추론하는 바가 아닐 것입니다.

불학 현교와 밀종의 학술이론상의 모순

이밖에 불학의 범위에서 말하면, 각종 현교(물론 선종도 그 안에 포함됩니다)들이 닦아 익히는 일반적인 견해는 생각하기를, 밀종의 학문이 거의 삿된 마귀의 외도(外道)와 같다는 의심이 들 뿐만 아니라, 심지어는 밀종을 학습하는 사람들은 오로지 남녀 성관계나 전문적으로 하거나, 어찌 해 볼 수 없는 나쁜 종자들이라고 생각합니다. 뿐만 아니라 불학 대소승 경전의 학술이론에 근거하면, 사람의 신체는 단지 4대(四大: 지地—고체 골격 등, 수水—혈액, 콧물, 침 등, 화火—따뜻한 힘, 풍風—기氣)가 가합(假合)한 몸으로서, 그저 내가 잠시 소유하고 있는 부속이지 정말로 나의 소유는 결코 아니라고 봅니다. 그런데 일체 중생은 이 4대를 자기 몸의 모습[自身相]이라고 잘못 인정하고 6진(六塵)과 반연된 그림자[緣影]를 자기 마음의 모습[自心相]이라고 잘못 여기면서, 4대가 인연으로 화합하면 잠시 있지만 무(無)로 돌아가 본래 그 자성(自性)이 공(空)한 줄 모릅니다.

그런데 밀교 수행법은 꼭 이와 상반됩니다. 인체의 기기(氣機)[6]를 중시할 뿐만 아니라 신체 수련을 중시하여, 그것이 성불의 묘도(妙道)[7]라고 생각합니다. 그래서 일반 현교에서는 이것을 터무니없는 말로 보는데, 이런 이론을 형성한 관념은 엄격히 말하면 전체 불학 중의 경(經)·율(律)·론(論) 삼장(三藏)의 심오한 의미[奧義]에 대하여 아직 투철하지 못한 것입니다. 뿐만 아니라 후기 불학인 성종(性宗)의 '반야학(般若學)', 중관(中觀)의 '필경공(畢竟空)', 법상종의 '유식학(唯識學)'의 승의유(勝義有)에 대해서는 그 학술이론을 더더욱 아직 융회 관통하지 못했기 때문에 오해를 초래한 것입니다.

사실 밀종의 신체에 의거한 수련 시작은, 5대(五大: 地·水·火·

---

6) 기(氣)의 메카니즘. 천지가 가지고 있는 규칙적인 운행의 자연 기능. 중의학 명사로는 인체 내부 기의 정상운행을 가리키는데 경락과 오장육부의 기능활동을 포함한다.

7) 정묘精妙한 도리. 지도至道.

風·空) 자체가 바로 오방불(五方佛)의 자성이라고 봅니다. 그 가운데서 최고의 교의(敎義) 이론은 조금도 현교의 경전과 서로 위배되는 곳이 없습니다. 왜냐하면 색법(色法: 물리세계의 일체 종자)에 속하는 '4대' 그 자체의 본성도 역시 '아뢰야식(阿賴耶識)'에 소속되어 붙어서 일어나는[附起] 기능이기 때문입니다. 마음과 물질은 그 근원은 같아서[心物同源] 서로 의지하여 따르며 그 아름다운 빛을 발휘하기 때문입니다. 그러므로 먼저 '4대'로부터 수련을 시작하여 신업(身業)의 근본을 마치고, 더 나아가 이 심물일원(心物一元)으로 전환하여 '대원경(大圓鏡)'의 '광명청정(光明淸淨)'으로 되돌아갑니다. 이런 학술이론 근거에 따르면 확실히 불학의 최고 원리의 '깊은 비밀[深密]'에 꼭 들어맞습니다.

현장대사(玄類大師)가 지은 '팔식규구송(八識規矩頌)'[8] 중에는 이미 지적하고 있기를, "아뢰야식(阿賴耶識)은 훈습을 받고 인체 생리작용의 육근(감각기관: 안眼·이耳·비鼻·설舌·신身·의意)과 몸, 물질세계의 종자를 갖추고 있으며, 죽을 때는 맨 마지막에 떠나가고 태어날 때는 맨 먼저 와서 주인공이 되는[受熏持種根身器, 去後來先做主公]" 작용을 갖추고 있다고 합니다. 물리세계의 일체(一切)와 인체 생리의 기능은 본래에 하나의 동체(同體)가 나누어진 변화임을 충분히 드러내 보이고 있습니다. 이른바 '4대가 본래 공하다'는 이론은 단지 마음과 물질 현상의 분석으로부터 실제 본체에 계합하는 관념입니다. 완전히 '묘유(妙有)'의 연기(緣起)를 부정하는, 단멸론(斷滅論)을 이루는 공관(空觀)이 결코 아닙니다. 안타깝게도 일

---

8) 남회근 선생 저 『능가경 강의』 부록 「팔식규구송관주해(八識規矩頌貫珠解)」를 참조하기 바람.

반 학자들은 단지 '죽을 때는 맨 마지막에 떠나가고 태어날 때는 맨 먼저 와서 주인공이 된다.'는 이 한 구절은 중시하지만, '아뢰야식은 훈습을 받고 아울러 종자를 갖추고 있으며[受熏持種], 능히 인간 생명의 생리[根身]와 물질세계[器世界] 등등을 일으킬 수 있는 작용'은 소홀히 합니다. 게다가 현교의 경론들이 말하고 있는 것은 대부분은 '형이상 본체론'의 변정(辨正)⁹⁾에 중점을 둠으로써 범부가 현상을 실체(實體)로 집착하는 관념을 타파하고 있습니다. 만약 불학의 전반적인 진정한 의의[眞義] 입장에서 논한다면, 이런 것들은 모두 '법신(法身)'의 수지에 중점을 두고 있지, '보신(報身)'과 '변화신(變化身)'의 실증(實證)은 상관하지 않습니다. 더구나 일반인들은 경론에서 지적하고 있는, 욕계를 떠난 뒤에는 또 반드시 색계에 머물러야 비로소 성취할 수 있다는 중요한 점을 소홀히 하고 있습니다. 이른바 '노사나불(盧舍那佛: 보신불報身佛)'은 반드시 색계에 머문 다음에라야 성불한다는 속뜻을 소홀히 하고 있습니다.

그러나 이러한 이론은 전해오면서 중국 도가사상 중에 섞여 들어가 한 번 변화고 또 변하고 변해서 도가신선단법(道家神仙丹法) 학술로 변했습니다. 이른바 '대라금선(大羅金仙)'에까지 닦아 도달한 뒤에는, 흩어져서는 기(炁)가 되고 모아져서는 형체를 이루기를 마음이 바라는 대로 할 수 있다는 것입니다. 적어도 수련하여 현재 환골탈태(換骨脫胎)하여 신선이 되는[白日飛升] 경지에 도달할 수 있습니다. 근세 이후로 다시 티베트 밀교와 도가 방면으로부터 이리저리 거쳐 전해져서 유럽과 미국의 신비학에 흡수되어 '형이상

---

9) 시비를 가려 밝히고 오류를 바로잡음.

[法身]의 성공원리(性空原理)'는 거의 완전히 지워지고, 단지 생리 본질적인 자성 기능만을 한 결 같이 추구하면서, 특히 신통과 물리 관계의 실험을 중시하고 있습니다. 뿐만 아니라 비약적으로 발전하여 날마다 현묘해지는 추세에 있습니다. 그러나 19세기 말기의 사상 단계에 정체되어 있는 밀종과 도가 방면은, 제자리걸음을 하고 외부와의 교류는 단절한 채 스스로 최고라고 일컬으며 날마다 시들어 산산조각이 나고 있으니, 어찌 동방문화의 하나의 크나큰 비참한 운명으로서 스스로 몰락을 취하는 길이 아니겠습니까?

6. 음성의 오묘함

신밀에 관한 논변

일본 밀교와 티베트 밀교의 가장 큰 차이는 바로 신밀(身密)에 대한 수지 방법이 다르다는 점입니다. 일본 밀교에서 전해 오는 신밀에 대한 수지 방법은 대부분이 범문자륜(梵文字輪)의 관상(觀想)과 결합시켜 신체 내외의 각 부분에 가득하게 하는 것으로, 그것은 여전히 심의식(心意識)을 이용하여 '전일(專一)'의 선정(禪定) 경계로 향하는 것입니다. 티베트 밀교의 신밀에 대한 수지방법은 일부분은 여전히 자륜(字輪) 관상 방법을 유지하면서 신체 내외 각 부분의 작용과 결합시키는 것 이외에도, 그 유일한 특성은 특히 기맥(氣脈)의 수지를 중요시한다는 것입니다. 이는 원시 밀교에서 전해 오는 경전 문헌들에서 거의 같은 근거를 찾아 볼 수 없는 것입니다. 그것이 일본 밀교와는 또 다른 하나의 전승임을 분명히 알 수 있습니다.

그러므로 일본 밀교는 본래 전통적으로 '용수' 혹은 '용맹'을 존중합니다. 티베트 밀교의 원시 전통은 따로 일가를 이루어 '연화생' 대사를 받들어 존경합니다. 하지만 티베트 밀교 전승은 특히 기맥 관계를 중시하기 때문에, 그것은 중국 도가 수련방법과 많은 부분에서 대단히 유사합니다. 그러므로 어떤 사람은 티베트 밀교의 수행법에 실제로 도가의 성분이 함유되어 있는 것으로 의심합니다. 심지어 아예 티베트 밀교 속의 신밀 관련 수련법은 도가 단도 방술의 바뀐 모습이라고 여기는 사람도 있습니다.

뿐만 아니라 티베트 밀교가 널리 퍼지고 '연화생' 대사가 티베트에 들어가 밀교를 전수했다고 전해지는 시기는 초당(初唐) 시기에 해당합니다. 즉, 당나라의 문성공주(文成公主)가 티베트 왕 농찬간포(弄贊干布)에게 시집을 가서 투르번족[土蕃]과 화친(和親)한 뒤입니다. 그리고 문성공주가 티베트에 들어간 시기에 그녀는 도사(道士)와 유생(儒生)을 각각 몇 명씩 데리고 갔기 때문에, 이 일을 유력한 증거로 삼아 티베트 밀교의 신밀에 대한 수행법은 실제로는 도가의 단법(丹法)과 관련이 있다고 생각합니다.

이와 반대로 어떤 사람은 도가 단법의 수련방법은 실제로는 불교 밀종의 성분을 포함하고 있다고 여깁니다. 심지어 또 어떤 사람은 도가의 대부분의 방술은 인도 신비학파들로부터 전해 들어온 것으로 생각합니다. 진(秦)·한(漢) 이전의 도가 수련방법은 한(漢)·위(魏) 이후와는 뚜렷이 구별이 있기 때문입니다. 그러나 진시황 시대에 소위 범승(梵僧)인 바라문으로서 이미 중국에 온 사람이 있었습니다. 이러한 사실은 『불조역대통재(佛祖歷代通載)』라는 책에도 기록되어 있습니다. 그러므로 특별히 제시하여 증명으로 삼습니다.

이러한 문화 역사 고증에 관한 사실 문제는 확실히 단정하기 어렵습니다. 여기서는 단지 쌍방의 논거 요점만 열거하여 약간 관련시켜 볼 뿐 더 이상 깊이 연구 토론하고 싶지 않습니다. 하지만 과거 티베트에는 확실히 일찍이 태극도(太極圖)의 표기(標記)가 있었을 뿐만 아니라 라마들은 염불주(念佛珠) 등의 점복(占卜)방법을 운용하였는데, 대체로 중국의 천간(天干), 지지(地支)의 점복방술과도 사실 서로 같은 부분이 있습니다. 도대체 노자가 오랑캐로 변했는지 아니면 가섭존자가 노자로 변했는지는, 제가 생각하기로는 진정한 수지(修持) 경험담과는 모두 긴요한 관계가 없습니다. 이러한 문제들에 관한 것은 청나라 초기 시인인 오매촌(吳梅村)의 이런 말과 같습니다, "그러므로 문제가 있는 부분들은 식견 없는 선비들한테 다투도록 내버려둔다 [故留殘闕處, 付與竪儒爭]." 이른바 "고금의 얼마간의 일들은 모두 우스갯소리에 부쳐버린다 [古今多少事, 都付笑談中]."는 말과 같습니다.

삼밀 중의 하나인 성밀

일본 밀교이든 티베트 밀교이든 신밀에 대해서 어떻게 논쟁하던 간에, 비밀종(祕密宗)이 신비하게 된 까닭의 특성으로서 가장 중요한 부분은 바로 신령스런 주문[神呪]인 성밀(聲密)의 비밀입니다. 여기서 말하는 성밀이란 밀교에서 삼밀(三密)이라고 일컫는 것 중의 하나인 '구밀(口密)'입니다. 즉, 일반인들이 말하는 '주문[呪語]'입니다.

신비한 주문에 관한 문제는 인류 문화사에 있어서 대단히 재미

있을 뿐만 아니라 중요한 사실이기도 합니다. 세계에서 역사성이 풍부하며 신비한 오래된 나라인, 예컨대 이집트·인도 그리고 중국의 문화 속에서 모두들 그것은 원시 언어·문자와 거의 분리할 수 없는 문화의 핵심이라고 여깁니다. 심지어 그것의 역사적인 중요성도 문자 언어 이전에 일찍이 있었다고 생각하는 사람도 있습니다. 그러나 인류에게 실용 문자의 진보가 있고 난 이후, 음성 연구에 대해서는 문자 언어 구성에 적용하는 것 말고는, 음성의 신비한 부분에 관한 것은 신비한 미신의 영역 속으로 홀가분하게 귀속시켜서 무당들에게 무술(巫術)의 신기한 운용으로 삼도록 남겨 두었습니다!

오직 불교의 밀종만이 여전히 인도의 신비한 전설을 비교적 체계적으로 보존하고 특별히 밀교의 중심을 형성하였습니다. 그러나 시대가 나아감에 따라 이나마 겨우 남아있는 밀교도 장차 역사 문화의 변천에 따라서 과거가 되고 오직 미래의 과학 분야에서 연구로 남을 것 같습니다.

주문의 신비성 중시는 불교보다 먼저 있었다

일찍이 석가모니불 이전의 인도 전통문화의 중심인 바라문교는 전부터 주문의 신비성을 몹시 중시했습니다. 그들도 밀교 유가사들의 신념과 마찬가지로 주문의 작용은 형이상의 천신의 심령과 직접적으로 감응하여 효력을 발생할 수 있다고 여겼습니다. 밀법을 수지하고 주문을 염송하는 사람은 주문이 불보살의 전보 암호와 같아서 서로 호응하여 영(靈)이 통하며 서로가 감동 호응할 수 있다고 여겼습니다. 이 때문에 주문 염송은 사유를 운용할 필요가 없고 단지 신념만 깊이 갖추고 온 마음을 다 기울여 염하면 됩니다.

상고의 인도는 바라문교만 그랬을 뿐만 아니라 불교도 그러했고, 기타 요가술이나 그리고 어떤 각 개의 교파들도 대체로 역시 주문은 신비한 능력을 갖추고 있다고 믿었습니다. 만약 석가모니가 전해준 현교 경전의 입장에서 말하면 그는 미신을 극력 타파하고 지혜 면에서의 정사유(正思維)를 제창합니다. 그러나 오래된 풍속이나 습관은 고치기 어렵습니다. 그래서 대승경전 속에서는 범문(梵文) 자모 음성의 작용을 이용하여 교리의 중점을 자세히 밝히고 선양한 경우도 있습니다.

예컨대 중국 불교의 현교 속에서 일반적으로 가장 유행하는 관세음보살이 설하신 『반야심경』에서 그 마지막의 한 단락은 이러한 방법을 채용해서 일반인들의 습관적인 관념을 이용해 반야(지혜)의 해탈법문은 바로 지고무상의 주문이라는 것을 다음과 같이 강조적으로 선전 설명하고 있습니다.

고지반야바라밀다, 시대신주, 시대명주, 시무상주, 시무상등등주, 능제일체고, 진실불어. 고설반야바라밀다주. 즉설주왈 : 아제. 아제. 바라아제. 바라승아제. 모지사바하.10)

---

10) 산스크리트 발음으로는 '가테 가테 파아라가테 파아라상가테 보드히스바하'이다. 남회근 선생 반야심경 강의는 역자 번역 『선정과 지혜 수행입문』

故知般若波羅密多, 是大神咒, 是大明咒, 是無上咒, 是無上等等咒, 能除一切苦, 眞實不虛. 故說般若波羅密多咒. 卽說咒曰：揭諦. 揭諦. 波羅揭諦. 波羅僧揭諦. 菩提婆婆何.

    그런데 마지막의 주문은 '아제(揭諦)'로부터 시작하는데, 그 내용은 결코 분명하게 말해서는 안 되는 비밀한 의미가 결코 아닙니다. 단지 설명을 더하지 않음으로써 도리어 더욱 효과가 있게 하였습니다. 이것은 공자가 말하기를 "어떤 일에 있어서는 백성들로 하여금 따라오게 하면 되지, 그 까닭을 알게 할 수는 없다 [民可使由之, 不可使知之]."[11]라고 한 도리와 마찬가지로 때로는 더욱 효과가 있습니다. 그러나 사람들의 심리는 아무래도 뭐라고 꼬집어 말하기 어렵습니다. 영원히 어린 아이 같아서 그더러 알지 못하게 할수록 절박하게 알고자 합니다. 이 때문에 억지로 아는 체하여 한사코 그 속뜻을 간단히 번역하여 설명한 사람도 있습니다. 이른바 '아제(揭諦)' 이하의 의미는, "자기를 제도 하라! 자기를 제도하라! 빨리 자기를 제도하여 피안에 도달하기를 구하라! 뿐만 아니라 어서 빨리 와서 대중들로 하여금 피안에 도달하도록 구제해야 한다. 빨리 빨리 깨달아 자기를 구제하라!"등의 도리를 포함하고 있습니다. 그러나 이를 통해서도 설명할 수 있듯이 인도 문화 속에서 주문인 성밀의 신기함을 중시함은 일찍이 불교 이전에 이미 있었습니다.

    제6강 「반야정관 요약강의」를 참조하기 바람.

11) 역자 번역 『논어강의』(상) 제8편 「태백편」을 참조하기 바람.

인류의 지식은 정말 이미 음성의 신비를 이해했을까

　밀종이 이처럼 음성의 신비를 중시한 바에야 설마 음성 자체가 진정으로 신비한 작용을 갖추고 있을까요? 사실상 이것은 진짜입니다. 동서양의 학문지식을 종합해보면 인류의 문화는 비록 상하 5천 년의 성취가 있지만 음성의 신비한 기능에 대해서 현재까지로 보면 여전히 아직 그 궁극에까지 캐 들어가지 못했습니다. 동서고금의 모든 음성학도 단지 문자 언어상의 응용을 위해서 연구했을 뿐이지 진정으로 더욱 진일보한 탐구는 아직 하지 못했습니다. 물리학상 비록 성학(聲學)과 광학(光學)의 연구가 이미 옛사람을 뛰어넘는 성취를 이루었지만 인류의 문화·사상·정감의 작용을 전파하는 데 한정되어 있을 뿐입니다.

　심지어 최신 과학은 은하계의 음파 작용을 한창 추적하고 있는 중이지만 그 연구 목표도 음성과 우주만유 생명 관계와의 신비한 기능으로는 아직 옮겨가지 않았습니다.

　하지만 적어도 과거보다는 크게 진보하여서 인류의 지식 범위 안에서, 우주 간에는 또 허다한 음성 존재들이 있을 뿐만 아니라 인류의 귀를 이용해서는 그것들을 들을 방법이 없다는 사실을 대체로 이미 알게 된 셈입니다. 예컨대 주파수가 너무 높거나 너무 낮은 음파를 사람들이 들을 수 없다는 것은 다들 이미 알고 있는 사실입니다.

　그래서 노자가 말한 '큰 소리는 들리지 않는다 [大音希聲]'도 자연히 과학적 도리에 교묘하게 부합하게 되었습니다. 그러나 유형의 음성의 작용과 기능을 통해서도 인류의 지식 범위 안에는 위에서 서술한 허다한 무지(無知)가 이미 있는데, 하물며 얻을 형상이 없는 마음의 소리[心聲]의 신비함은 더 말할 나위가 없습니다!

밀종 주문의 근거

밀종에서 말하는 삼밀의 하나인 '구밀(口密)', 즉 '성밀(聲密)'은 일본 밀교의 입장에서 보면 그 근거하는 바가 인도 상고의 범문자모(梵文字母)의 성모(聲母)와 운모(韻母)의 조합입니다. (인도는 옛날부터 지금까지 한 결 같이 수십 가지의 문자와 언어가 남아 전해오고 있는데, 범문은 그 중의 하나일 뿐입니다. 범문에도 고금古今 음성의 다름이 있습니다. 고대 인도의 범문이라도 대략 중국 당송唐宋 시대까지 해당하고, 또 동서남북중東南西北中 다섯 지역 인도 발음의 차이와, 문자 형태와 음성이 다릅니다. 그러므로 오늘날 세계 각국에는 범문을 연구하는 사람들이 많이 있고, 또 인도의 기타 문자를 통해서 범문을 연구함으로써 고인도 밀종에서 전해오는 범문의 비법 주문 신비와 당송 시대 이전에 전해져 번역된 불교경전의 진상眞相을 이해하려는 사람이 있는데, 이러한 생각은 불가사의한 자아도취自我陶醉라고 우리는 거의 말할 수 있습니다).

티베트 밀교에서는 초당 시기 때부터 시작해서 범문에 의거하여 티베트 문자를 창제한 이후, 그들이 전수한 주문도 티베트 문자를 근거로 삼습니다. 일본 밀교는 성당(盛唐) 개원(開元 서기 713—741

년)에 중국에 전해 들어와 줄곧 명나라 시대 영락 년간(永樂年間 서기 1403-1424년)까지 이르러서야 나라에서 추방되어 일본에 전해졌습니다. 그래서 '동밀(東密)'이라는 호칭이 있게 된 것입니다. 그러나 일본 고야산(高野山)에 있는 동밀대도장(東密大道場)에서 전해오는 주문은 대체로 모두 일본 음을 지닌 범어로 이미 변해버렸습니다. 그러므로 밀교 주문의 음운을 오늘날 자세하고 확실하게 연구한다는 것은 사실 대단히 복잡한 문제입니다. 중국에서 가장 오래전해져오고 가장 널리 퍼져 있는 '대비주(大悲咒)'가 남방과 북방이 음성 면에서 약간의 차이가 있는 것과 같습니다. 밀종에서 관상하는 산스크리트 문자, 혹은 티베트 문자는 주문의 음성과 마찬가지로 고금의 서사(書寫) 방법이 상이한 곳이 있습니다.

7. 음성의 인체에 대한 신묘한 작용

음성의 묘밀

밀종이 표방하는 구밀(口密)은 밀종을 닦고 익히는 사람의 입이 외우는 밀주(密呪)의 심오한 신비이며, 때로는 '진언(眞言)'이라고도 부릅니다. 이것은 신앙의 작용을 갖추고 있으며, 수련법을 존경하는 관념으로부터 나온 것이기에 생각하기를, 세계의 문자 언어는 모두 진실하지 않고 허망하며 변동하면서 구속받지 않는 가짜 법[假法]이고, 오직 불보살 등의 신비한 주문이야말로 진실하여 허망하지 않으면서 인간과 우주 사이에 통하는 지극히 신비한 지극한 언어[至言]라고 생각합니다. 과연 정말로 그러한지 아닌지는 대단히 복잡한 문제로서 장래 신비과학이 연구 토론하도록 미루기로 하고, 지금 강의하려고 하는 것은 음성이 인체와 관련된 '묘밀(妙密)'의 문제입니다.

음성의 물리 세계에서의 작용은 현재까지 로서는 자연 과학이 이미 성학의 원리와 응용을 이해한 것 말고는, 우주 사이의 생명과 음성의 관계 그리고 식물과 광물 등에 음파 복사(輻射)와 반응 등이 있는지 없는지의 문제들에 대해서는 모두 다 아직까지는 발굴하지 못한 영역입니다. 인간과 기타 동물에 대한 음성의 작용은 이미 세상 사람들에 의해서 알아졌습니다. 그러나 음성에 대한 인류의 학식은 여러 번 들어서 귀에 익어 자세히 말할 수 있지만, 아직은 단지 사람과 사람 사이, 사람과 동물 사이의 생각이나 정감 등을 소통할 수 있다는 것만을 알 뿐입니다. 음성을 이용하여 사람과 동물 등의 생명으로 하여금 생기(生氣)를 불러일으키거나 사망을 느끼게 하도록 하는 비밀 등은, 현재의 과학지식 범위 중에서 아직은 온통 백지 상태로서 새로운 연구와 노력을 기다려야 합니다.

만약 밀종의 주문 염송 수습방법 입장에서 말하자면, 그것은 일종의 특별한 소리 부호를 이용하여 신체내부의 기맥을 진동시켜서 그것으로 하여금 생명의 잠재 에너지를 불러일으키게 합니다. 생명의 잠재 에너지가 변하여 늘 있는 현상계의 작용을 초월하여 신묘한 영역으로 진입하게 하며, 더 나아가서 신통과 고도의 지혜 등을 계발할 수 있게 합니다. 그러므로 예를 들어 '금강부(金剛部)'·'태장부(胎藏部)'·'연화부(蓮花部)'같은 일본 밀교의 삼부(三部) 밀법은 각각 다른 주문들이 있어서, 이를 닦고 익히는 자로 하여금 다른 목적을 위하여 다른 효과에 도달하게 합니다. 만약 이런 관점 입장에서 말한다면, 밀종 주문의 음성 비밀의 최대 중심은 음성과 인체 기맥과의 관계에 있으며, 전적으로 일종의 우주 중의 물리를 초월하는 신비한 작용입니다. 한편으로는 또 하나의 초인 신앙에 대한 신비관념을 벗어나서 완전히 이성(理性) 중으로부터 진정한 의의를 찾아 탐구할 수 있으며, 또 한 편으로는 순수한 이지적 이해를 통하여 마침내 확고부동한 공경한 신앙으로도 귀의할 수 있습니다.

밀종의 설법과 현교의 경론 교의에 근거해서 말하면 주문의 비밀은 오직 8지(八地) 이상의 보살만이 이해할 수 있고, 8지 이상을 증득한 보살은 또한 자기가 주문을 설할 수 있습니다. 중국 불교의 선종에 '보암인숙(普庵印肅)' 선사가 있었는데, 자기가 한 가지 주문을 설해서 후인들에게 전해주었습니다. 그래서 일반인들은 습관적으로 그것을 '보암주(普庵咒)'라고 부릅니다. 이 주문 자체는 아주 단조로우면서 복잡합니다. 그러나 염송해보면 영험이 있습니다. 단조롭다는 것은 그것이 많은 단음(單音)의 조합이기 때문입니다. 마치 벌레의 울음이나 새가 우는 것 같기도 하고 혹은 빽빽한 빗줄기가 방울방울 떨어지는 모양과 같습니다. 그러나 들어보면 온통 '부슬부슬, 주룩주룩' 하면서 '와르르' 하는 소리며 거침없이 척척 내려가는 모양입니다. 복잡하다는 것은 많은 단음을 들쭉날쭉 조합하여 자연스러운 선율을 구성했기 때문입니다. 마치 천뢰(天籟)와 지뢰(地籟)가 은은하고 엄숙 경건한 것 같아서 사람으로 하여금 자연히 '청정공령(淸淨空靈)'의 경계로 진입하게 합니다. 이로써 알 수 있듯이, 진정한 오도(悟道) 증도자(證道者)는 주문의 작용을 이해할 수 있으며 자기가 주문의 설법을 공개적으로 말할 수[宣說] 있다는 것이 결코 허무맹랑한 일이 아닙니다.

세 글자 근본 주문과 인체 기기(氣機)와의 관계

일본 밀교와 티베트 밀교에서 염송하는 주문의 원시 근거는 모두 인도 중고 시기의 범문 발음에서 온 것입니다. 현장대사가 인도에 유학했던 시대의 고찰에 따르면 범문에는 남인도와 북인도 등의 다른 차별이 있었습니다. 『대당서역기(大唐西域記)』 제2권에 이렇게 말하고 있습니다. "그 문자를 자세히 알아보면 범천(梵天)이 제정한 것이다. 원시수칙(原始垂則)은 47언이다.……지역과 사람에 따라서 약간의 변화가 있었는데, 대강을 말하면 근본 출발점은 다르지 않다. 그런데 중인도가 특히 자세하고 정확하다. 말 소리[辭調]가 조화롭고 우아하여 천(天)과 같은 음이다[詳其文字, 梵天所製. 原始垂則, 四十七言也.....因地隨人, 微有改變. 語其大較, 未異本源. 而中印度特爲詳正, 辭調和雅, 與天同音]." 범문(산스크리트 문자)의 서체는 오른 쪽에서 왼쪽으로 써나가는 것[右行]으로 고금 인도 문자의 본원입니다. 남북이 각자 다르게 발전해서 북쪽에서 행해진 것은 네모 형태[方形]가 많고 남쪽에 행해진 것은 둥근 형태[圓形]가 많습니다. 다만 '옴(唵)'·'아(啊)'·'훔(吽)' 세 글자는 범문의 성모(聲母: 자음) 총강입니다. 그러므로 이 세 글자의 발음만을 이용해 하나의 주문으로 조합한 것이 '보현여래(普賢如來)'의 '삼자근본주(三字根本咒)'가 되었습니다. '보현여래(普賢如來)'는 의역하면 묘밀(妙密)입니다. '보현(普現)'이라고도 의역합니다. '보현(普賢)'이란 보편적이면서 현선(賢善)적으로 모든 처소에 충만하여 언제 어느 곳에서나 존재하지 않음이 없다는 의미입니다.

'옴자(唵字)'는 우주의 원시 생명에너지의 근본음입니다. 그것은 무궁무진한 기능을 간직하고 있습니다. 인체의 입장에서 말하면 머리 정수리 내부의 소리입니다. 사람들이 귀를 덮어 막았을 때 자기가 듣는 심장과 혈맥의 유동(流動) 소리와 가깝습니다. 그러므로 일반적으로 옴자부(唵字部) 발음의 주문을 염송할 때에는 그 발음의 중심 부분의 묘용을 이해해야 합니다. 최저한의 효과로는 머리를 맑게 하고 정신을 분발시킬 수 있습니다. 만약 상풍(傷風)이나 감기[感冒]의 경우 끊임없이 이 글자 음을 외우면 두부에 땀이 나게 되어 약을 먹지 않아도 치유되는 효과를 얻을 수 있습니다.

'아자(啊字)'는 우주가 개벽하면서 만유생명이 발생하는 근본음입니다. 그것은 한량없고[無量] 끝없는[無際] 기능을 갖추고 있습니다. 그리고 '아(阿)'자는 개구음(開口音)으로서, 세계 온갖 생명이 처음에 발산하기 시작하는 소리입니다. 예컨대 중국 불교 정토종에서 염송하는 '아미타불(阿彌陀佛)'은 밀종의 아부(阿部)의 개구음에 속합니다. 그것은 연화부(蓮花部)의 기본적인 성밀이라고도 할 수 있습니다. 만약에 아부(阿部) 음의 묘용을 운용할 줄 안다면 신체 내장의 맥결(脈結)[12]을 열 수 있으며, 아울러 오장육부 사이의 갖가지 묵은 질병을 청소할 수 있습니다. 진정으로 이해하고 법에 맞도록 오래오래 닦다보면 자연스럽게 내장 기맥이 진동하는 효과를 체험할 수 있습니다.

---

12) 맥이 오는 것이 더디고 때로 한 번씩 그쳤다가 다시오는 것을 결結이라 함.

‘훔자(吽字)’는 만유생명에 감추어져있는 생발(生發)의 근본음입니다. ‘옴’자는 형이상적인 천부(天部)의 소리이고, ‘훔’자는 물리세간의 지부(地部)의 음성이며, ‘아’자는 인부(人部)의 소리이며 사람과 동물생명 사이의 개구음이라고도 할 수 있습니다. 인체의 입장에서 보면 ‘훔’자는 단전(丹田)의 소리입니다. 만약에 훔부(吽部) 음으로써 염송하면 거의 맥결을 진동하여 열어 새로운 생기(生機)를 일깨워 발휘시킬 수 있습니다. 최소한도로는 건강장수의 효과에도 도달할 수 있습니다. 예컨대 일본 밀교와 티베트 밀교가 공동으로 전하는 관세음보살의 육자대명주(六字大明咒)는 ‘옴마니반메훔’인데 그것은 ‘옴’자와 ‘훔’자의 주신(咒身)을 개괄하고 있습니다. 그 중간인 ‘마니반메’ 네 글자 음은 모두 다 아부(阿部) 음의 변화 묘용입니다.

요컨대 밀종 주문과 음성의 신비한 작용, 주문의 음성과 인체와 관련된 오묘한 비밀 관계는 확실히 한 두 마디로 그 오묘함을 다 말할 수 있는 것이 아닙니다. 게다가 이상 말한 염송 방법의 교묘함도 저의 서투른 문자 표현으로는 그것의 궁극[究竟]을 표현할 길이 없습니다. 모든 것은 자기가 집중적으로 깊이 연구하고, 아울러 경험한 밝은 스승의 지도를 구해서 몸소 자기 몸으로 힘써 행하고 증득의 결과를 더해야 합니다. 그래야 아마도 그 오묘함을 만분의 일이라도 이해할 수 있을 것입니다.

이밖에 중국의 문자 언어는 위진(魏晉) 시대 이후에 절음(切音: 병음拼音) 방법이 출현했는데, 사실은 이것도 당시에 서역으로부터 온 승려들이 번역의 편리를 위하여 범음의 병절(拼切) 작용에 근거하여 반절(反切) 병음(拼音)의 방법을 창조한 것입니다. 그게 지금까지 변천 발전되어 중국어 병음이 있게 되었으며, 그 원류 연원은 사실은 역시 그로부터 나왔습니다. 밀종의 '성밀'에 관련해서는 잠시 여기서 멈추고 다음은 '의밀(意密)'의 연구로 들어가겠습니다.

8. 의밀과 불학이론의 근거

의밀(意密)은 일본 밀교와 티베트 밀교에서의 '신(身)·구(口)·의(意)' 삼밀(三密) 중의 하나이며, 동시에 밀종의 삼밀 중에서 가장 주요한 부분이기도 합니다. 신체의 내밀(內密)과 음성의 묘밀(妙密)은 의념(意念: 의식意識)에 의하여 그 작용을 발휘하기 때문입니다. 불학의 현교 경론 속에서 대소승 어떠한 종파의 수련법이든 간에 자기의 의식[意]을 청정하게 하고 의념[意識]의 망상을 비워버리는 것을 주요 목적으로 합니다. 오직 비밀종의 수지 방법만이 '의념(意念)'의 관상(觀想)을 운용하여 '즉신성불(即身成佛)'의 방법으로 삼습니다. 그것은 확실히 각 종파와 대소승의 이론과는 판연히 다른데, 이 속의 오묘함도 물론 당연히 그 밀의(密意)[13]의 존재가 있어서 사실 깊은 탐색을 필요로 합니다.

인류가 만물의 영장이라고 자칭하는 주요 원인은 바로 인간이 생각과 정감을 갖고 있기 때문입니다. 사람과 동물 분야도 이 점으로부터 다릅니다. 감정이 많고 생각이 적으면 지혜 능력이 낮습니다. 감정 부분이 적고 생각 부분이 많으면 지혜 능력이 높습니다. 생각이 높은 자 일수록 지혜 능력의 승화로 말미암아 초인의 경계에 진입합니다. 정욕이 짙고 무거운 자는 지혜 능력의 감퇴로 말미

---

13) 심오하여 알기 어려운 종지.

암아 동물적 의식 상태에 떨어집니다. 생각과 정욕은 비록 말이 다르고 작용도 다르지만 그것은 모두 '의식'의 기능에 의지하여 그 응용과 효과를 발휘합니다. 대소승 불학의 범위 내에서나 혹은 통속적인 세간의 온갖 학식일지라도 지각(知覺)과 감각(感覺)의 관계에 대해서 그것을 '심(心)'이'라고 부르거나, '성(性)'이라고 부르거나 혹은 '심리(心理)' 작용 등등이라고 여기지만, 만약 그것들을 귀납시켜 보면 모두 '의식 작용'의 같은 성질의 다른 이름일 뿐이라고 강조하여 말할 수도 있습니다.

인류문화에서 동방이든 서방이든 허다한 종교와 철학들이, 실제적인 수련방법을 중시하기만 하면 모두 인간의 천부적인 본능인 '의식' 생각에 의지하여 공부를 지어 갑니다. 이것은 일치하여 바뀌지 않는 원칙이자, 동서양의 공통적인 사실이기도 합니다. 예컨대 불교의 대소승 각 종파의 수련법은 '유여의열반(有餘依涅槃)'이나 '무여의열반(無餘依涅槃)'에 도달함을 목적으로 하지만, '스스로 자기의 의식을 정화하는 것이 모든 부처님들의 가르침이다 [自淨其意, 是諸佛敎]'를 수칙(守則)으로 삼음은 조금도 의심할 여지가 없습니다.

소승 도과(道果)인 '편공(偏空)'과, 대승 불과(佛果)인 그 '공(空)' 역시 공(空)하여 '필경공(畢竟空)'에 이르는 원리에서, 그 이른바 '공(空)'의 경계란 기본적으로는 자기의 심의식(心意識) 작용을 이용하여 의식을 승화시킨 것입니다. 마치 쐐기로써 견줄 바 없이 '공령(空靈)'한 영역으로 끊어 들어가, 몸에도 의지하지 않고 사물에도 의지하지 않으면서, 범속과는 다른 경계에 머무르는 것입니다. 그런 다음 마지못해 그것의 상황을 설명하여 그것을 '공(空)'이라고 부를 뿐입니다.

그러므로 대소승 불학과 불법에서 말하는 '공'도 추상적으로 또하나의 현상을 가리키는 다른 관념일 뿐이라는 것을 알 수 있습니다. 만약 '밀종'과 '유식학'의 이론 입장에서 보면 경계가 있는 공(유여의열반)이든 경계도 없는 공(무여의열반)이든, 그것은 모두 다 하나의 허망하지 않고 진실한 '대유(大有)'입니다. '공'이란 의식이 평정(平靜)한 상태에 도달한 현상입니다. '불공(不空)'이란 의식이 평정한 실체가 본래에 이와 같을 뿐'이라는 것입니다.

의밀과 유식

다음으로 대소승 불학의 최대 최고의 과제는 바로, 형이상 본제(本際)[14]의 궁극[究竟]에 대하여 '공(空)'이냐 '유(有)'이냐는 인식이지, 일반 철학이 탐구 토론하는 것과 같은, 본제(本際)가 "'마음[心]'이다. '물질[物]'이다."는 쟁론이 아닙니다. 석가가 멸도한 후에 인도 불학의 '결집'으로부터 시작하여, 소승불학에서의 분종(分宗) 분파(分派)의 논쟁, 그리고 후기불학의 대소승 논쟁으로 진입한 이후에까지 널리 퍼져 발전하면서 반야의 '필경공(畢竟空)'과 유식의 '승의유(勝義有)' 논변이 있었습니다. 이로부터 중국과 티베트에 전해 들어온 이후에도 여전히 반야의 '공관(空觀)'과 유식의 '승의

---

14) 만물의 근본

유'는 어느 것이 먼저고 어느 것이 나중이냐는 선후의 논쟁이 존재했었습니다. 그 중 중국 불학의, 불설 경전들의 선후차서(先后次序) 과판(科判)에 관해서는 잠시 논하지 않겠습니다.

예컨대 밀종의 수련법과 불학이론의 근거에 관하여 말해본다면, 일본 밀교든 티베트 밀교든 대체적으로 모두 다 유식의 '승의유'야말로 석가가 최후에 낸 궁극적인 정론(定論)이라고 봅니다. 바꾸어 말하면 부처님이 설한 반야의 '공관(空觀)'은 한 때의 방편일 뿐이지, '진공(眞空)'으로부터 다시 '묘유(妙有)'를 증득하는 것이야말로 최후의 궁극[究竟]이라는 것입니다. 공은 '진공'이 아니요 [空非眞空], 유는 '실유(實有)'가 아니다 [有非實有], 공이면서 유이다 [即空即有]', '공도 아니고 유도 아니다 [非空非有]' 등 양변을 대등하게 서로 부정하고 '중관(中觀)'의 이론을 세웠는데, 이는 모두 본제에 대한 지견을 정화(淨化)시킨 이론관념의 문제입니다. 지금은 역시 잠시 이러한 문제에 대해서는 얘기하지 않겠습니다.

그러나 이 때문에 알 수 있듯이 밀종 수행법의 근거는 유식학의 체계를 기초로 삼고 있으며, '달마선(達摩禪)'과는 근원은 같으면서 이름이 다르며, 목표는 일치하면서도 운용 방법은 각각 다른, 미묘한 관계입니다.

요컨대 대소승 불학은 대체적으로 모두 '의념(의식) 정화(淨化)'에 착수하여 최후에는 얻음이 없고 의지함이 없는 '무득무의(無得無依)'에 도달하는 것을 귀착점으로 합니다. 그러므로 반드시 심념을 비우고 허망함을 버려 진실(진여)로 돌아가야 합니다. 그런데 밀종의 지견은 유식의 '식변(識變)'이론에 근거하여 '공'과 '유'의 경계도 모두 유식의 청정함[淨]과 더러움[汚]의 변화 현상이라고 여깁니다. 그리고 이 심(心)·의(意)·식(識)의 궁극적인 본체는 '유(有)'가 곧 '환(幻)'이고 '공(空)' 또한 '진(眞)'이 아닙니다. 뿐만 아니라 이 의념 그대로가 심식(心識) 본체의 실제적인 '묘밀(妙密) 기능'[15]입니다. 그러므로 곧바로 식(識)을 전환하여 지혜를 이루기만 하면[轉識成智], 범부를 뛰어넘어 성인의 영역에 들어갈 수 있으며, 심지어는 곧바로 이 몸 그대로 성불할 수 있다고 합니다. 솔직히 말해서 밀종의 이론 기본 근거가 이와 같을 뿐만 아니라, 중국 불교가 창립한 정토종의 기본 근거도 이와 같아서 이러한 예에서 벗어나지 않습니다.

심의식 수련법에 관한 초보적인 설명

만약 우리가 불학의 이론을 밀쳐놓고 현재 통상적으로 이해하기 쉬운 방법으로만 설명한다면, 먼저 우리들의 이 현유(現有)의 심의식의 상황을 이해해야만 합니다. 이 '심파(心波: 마음의 파동)'의 현상을 먼저 이해해야 한다고 말할 수 있습니다. 예컨대 그림 1과 2 두 개의 표시를 예로 들어보겠습니다. 그림 1은 보통사람들의 심의식의 활동 상태를 나타냅니다. 그림 2는 불법을 수습하는 사람이 심의식을 관찰하는 파동의 상태입니다. A 점선은 '심체(心體)'를 표시합니다. B 파동선은 '의념'을 표시합니다. C 파동선 중간의

---

15) 마음의 본체가 일으키는 묘하고 비밀한 작용.

오목한 점은 '의식이 고요하고 마음이 공해진 것[意靜心空]'을 표시합니다.

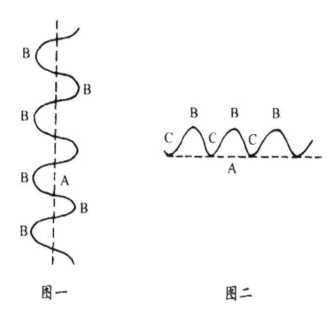

그림 1 보통사람들의 심의식의 활동상태
그림 2 불법을 수습하는 사람이 심의식을 관찰하는 파동의 상태

이 두 그림을 이해하고 나면 중국 불학은 대소승과 현교 밀교의 이론을 종합하여, '파도 전체가 물이고, 물 전체가 그대로 파도이다 [全波是水, 全水即波].'라고 보는 간단명료한 원리를 알 수 있습니다. 이 원리로부터 추론 연역해보면, 밀종이 의념(의식)을 운용하여 관상하는 수행법과, 선정(禪定)의 '심일경성(心一境性)' 수행법의 원칙, 그리고 반야의 '관공(觀空)'의 작용과 완전히 둘이 아니라

는 것을 알 수 있습니다. 현교에서는 '파도가 평정(平靜)하고 경계가 청정함[波平境淨]'을 교리의 궁극[究竟]으로 삼습니다. 밀종에서는 '심파를 정화함[淨化心波]'을 교리의 극과(極果)로 삼습니다. 만약 단지 '파도가 평정하고 경계가 청정함'만을 궁극으로 여긴다면, 털끝만큼만 치우쳐도 온통 한 연못의 죽은 물[一潭死水]을 이루게 되고16), 다시 큰 작용[大用]을 번번이 일으켜, 승화된 '생성불이(生生不已)'의 기능작용은 세울 수가 없습니다. 만약 단지 '심파를 정화함'이 작용을 일으킴[起用]에 무방하다고 궁극으로 여긴다면, 털끝만큼이라도 편차가 있을 경우 '유(有)'에 습기가 젖어들어[習染] 역시 '움직이자마자 쉽게 어지러워지는[動則易亂]' 미혹을 초래할 것입니다.

이 때문에 티베트 밀교 수련법 계통에서는 일본 밀교와는 다른 점이 있는데, '생기차제(生起次第)'와 '원만차제(圓滿次第)'를 밀법의 요지로 삼는 것입니다. '생기차제'는 의념을 정화하기 위하여 '환유(幻有)'의 대용(大用)을 빈번히 일으킵니다. '원만차제'는 심파를 멈추게 함[止息]'을 '순수한 본래로 되돌아가는[歸眞返璞] 궁극으로 삼습니다. 그런데 이것은 천태종의 '삼지삼관(三止三觀)'인 '공(空)·가(假)·중(中)'의 수행법 순서와도 이름만 다를 뿐 실질은 같으며, 이론의 착안점과 수행법의 시작점이 약간 차이가 있을 뿐입니다. 근원으로 돌아가 밑바닥까지 살펴본다면 결국에는 다름이 없습니다.

---

16) 공(空)에만 치우친 상태를 말한다.

9. 의식의 신비에 대한 연구

다시 의밀을 논한다

'의밀(意密)'은 밀종 특유의 명칭입니다. 일본 밀교이든 티베트 밀교이든 모두 그것을 삼밀 중 하나의 주요 요소로서 열거합니다. 이 명칭의 내함은 도대체 사람들의 '의념'이 최고의[無上] 신비한 힘을 갖추고 있다는 것을 가리키는 것일까요? 아니면 밀종에서 의식을 이용하여 관상(觀想)을 하는 수행법 그 자체가 또 다른 비밀의 도리를 갖추고 있다는 것을 말하는 것일까요? 만약 일반적으로 밀종을 수학하는 습관 입장에서 보면, 의밀을 언급할 경우 신비하고 공경스런 심리가 자연스레 일어나서 감히 그것을 건드리지 못하고 또 감히 그것을 많이 생각하지 않으면서, 상사(上師)들이 전해준 법대로 관상을 하는 게 바로 의밀의 도리라고 여깁니다. 그리고 의념의 본질이 신비한 기능을 갖추고 있는지의 여부나, 달리 비밀스런 의미가 있어서 의밀이라고 부르는 것인지에 관하여는, 모두 상관하지 않고 단지 밀종 전통의 습관에 근거해서 쓸데없이 감히 연구하지 않습니다.

이제 밀종과 서방 신비학과의 미묘한 관계를 소개하기 위하여, 그리고 시대 문화 관념이 다르기 때문에 반드시 의밀의 진정한 내함 의미를 해부해야만 합니다. 그러므로 겉만 바꾸고 내용은 그대로 두면서, 일반 세속적인 지식의 의념에 대한 인식으로부터 얘기하기 시작하고, 다시 나아가 밀종의 불학의 내함을 탐색하며 연구해보겠습니다. 이렇게 하면 의밀의 도리를 이해하기 쉬울 뿐만 아니라 밀종을 수학하는 사람들에게도 아마 절실한 도움이 있을 것입니다.

의식과 현대 심리학

의식(意識) · 의념(意念) · 의상(意想) · 생각[思想] · 사유(思維) · 영감(靈感) · 심령(心靈) · 제6감(第六感) 등등의 명칭들은, 현대 과학 개념의 분류 방법, 그리고 명사가 간직하고 있는 내용을 확정하는 논리의 개념상, 마땅히 저마다 각각의 정의(定義)가 있고 각각의 소속 범위가 있습니다. 만약 보통 일반적인 심리학 입장에서 말하면, 이러한 명사들은 통틀어 말해서 모두 다 '심리 작용'의 다른 개념이며 함께 다 심리상 주요 작용의 일종의 기능일 뿐입니다.

우리가 다 알 듯이 현대의 기계심리학과 유물사상—물질과 물리의 실험 결과인 생리학과 의학의 입장에서 볼 때, 신체 감관으로 말미암아 외부 사물과 반응한 지각(知覺)과 사유(思惟) 작용을 '의식'이라고 부릅니다. 그러나 현대의 기계심리학의 관점에서 말하면, 이러한 심리에서 발생하는 '의식' 상태는 모두 기계적인 반응 습관으로 말미암아 구성된 것입니다. 만약 생리 감각적인 반응 작용을 떠난다면, 생리를 초월하고 물질작용을 초월하는 '의식'과 '정신'은 없습니다. 정신이라는 이 명사 자체의 입장에서 말하면, 그것도 생리적인 기능의 추상명사일 뿐이며, 신경과 내분비(Endeocrine) 등의 총화로 말미암아 그것을 명명하기를 '정신'이라고 표현하는 것입니다.

이것이 바로 현대과학의 '의식'에 대한 인식과 정의인데, 심리학·생리학·의학·정신학 등등을 포함하는 종합적 개념으로서 모두 다 '유물(唯物)' 사상 노선에 편향되어 있다고도 말할 수 있습니다. 내일의 과학의 발견이 진보가 있어서 이에 그치지 않는다면, 그것은 마땅히 따로 논해야 할 것입니다. 이러한 이론 개념을 기초로 하여 '종교'와 '신비학'에 관련된 신념을 돌이켜 살펴보면, 모두 다 정신변태이거나 심리변태라고 말할 수 있어서 자연스럽게 중요시되지 않게 될 것입니다. 심지어 철학 상의 '유심(唯心)' 사상도 단지 심리작용 상 일종의 다른 개념일 뿐, 결코 말할만한 진실한 증거가 없다고 여길 것입니다. 줄곧 지금까지 온 세상에 넘쳐나는 일반적인 과학의 입장은, 인문과학이든 자연과학이든 대체적으로 모두 이러한 사상과 이론에 치우친 경향이 있습니다. 오직 '종교'와 '신비학'을 독실하게 믿는 사람만이 기성의 규범을 묵묵히 지키면서 한 번 이룬 것은 바꾸지 않고 한 모퉁이를 고수하고 있을 뿐입니다.

이 밖에 세계 과학의 저류(底流) 가운데 신흥 학과인 '영혼학(靈魂學)'에서는 그 기본 신념이 절대적으로 '유물' 사상을 초월합니다. 그러나 '영혼' 존재의 이론과 신념도 한참 허다한 과학적인 방법을 이용하여 증명하고 싶어 합니다. 그렇지만 아직은 완전히 확정되지는 않았습니다. 게다가 영혼의 존재가 의식과는 도대체 어떤 관계가 있는지에 대해서는, 현재 일반적으로 영혼학을 연구하는 사람은 주의를 기울이지 않습니다. 그러므로 영혼학의 연구는, 현대 과학 관념 속에서 '신비학'과 마찬가지로 모두 다 과학의 외곽 과학으로서, 순수하게 과학 연구로 받아들여지지 않고 있습니다.

우리는 지금 '의밀'의 발단에서부터 현대 '심리학' 등의 인식에까지 관련시켰으니, 밀종에서 의거하는 '불학 심리학'의 기본개념에 대해 먼저 한 번 소개해야 할 필요가 있습니다. 일본 밀교이든 티베트 밀교이든 기본 학술이론 근거는 인도 후기 불학인 '유식학'입니다. 그러므로 과거 티베트에서 밀종의 수학(修學)에 대한 엄격한 규정으로는 반드시 10여 년의 시간을 들여서 대소승 불학 전체를 연구하여 정통하고 난 다음에야 정식으로 밀법을 수습할 수 있었습니다.

유식학이야말로 진정한 '불학 심리학'이라고 여기는 사람이 있는데, 이러한 관념에는 사실 함부로 동의하지 않습니다. 유식학이 비록 '심리' 체험에서부터 들어가기 시작하지만 그러한 궁극적인 이론은 사람들의 심리 현상을 통해서 심신일체(心身一體)를 포괄하여 심물일원(心物一元)의 형이상의 '본체론'에 진입하기 때문입니다. 그것은 지금까지 발전한 심리학과는 크게 차이가 있으므로 절대로 똑같이 취급해서는 안 됩니다. '유식학' 관점에서 보면 현대의 심리학은 겨우 '제6의식'의 정면 반면 이 양면의 작용을 이해할 수 있을 뿐이고, 우리들 생명의 중추가 되는 '제7식'과 우주만유의 자주(自主)가 될 수 있는 '제8식'에 대해서는, 즉 정신세계와 물질세계의 근거인 '아뢰야식'에 대하여는 현대 심리학이 결코 이해하고 인식할 수 있는 것이 아닙니다.

유식학 위에 건립된 의밀

　유식학에서 말하는 '식(識)'이란 일반적인 전통적 개념 해석에 의하면, 그것은 '식별(識別)' 작용을 갖추고 있습니다. 사실은 이것도 명사 상으로부터 풀이한 주해에 불과할 뿐입니다. 만약 정말로 '유식학' 도리 전부를 이해하고 나면 그것이 '식(識)'이라고 불리는 까닭은 일반적인 '유심(唯心)'이라는 두리뭉실한 개념하고는 다른 점이 있습니다. 왜냐하면 그것의 기본 기능은 스스로가 의식의 분별 작용을 조작하는 것을 갖추고 있기 때문이다. 뿐만 아니라 또 물질과 감응하는 촉각을 갖추고 있음으로써 심리 상태의 감수(感受)를 구성합니다. 그리고 얕고 떠서 유동적인 생각[思想] 작용, 그리고 고요하고[靜止] 맑으며 또렷한[淸寂] 사유 등의 기능을 일으키기 때문입니다.

　그러므로 의식은 일반적으로 말하는 생리감관, 즉 눈 · 귀 · 코 · 혀 · 몸(전체적인 신체)은 각자 저마다 외부에 대한 반응 접촉의 식별 작용을 갖추고 있습니다. 그래서 이를 전5식(前五識)이라고 합니다. 생리감관 자체 상에서 아직 제6의식(第六意識)과 결합하여 작용을 일으키지 않을 때에는 이러한 전5식 그 자체는 사물에 반응하는 감각(鑑覺) 기능을 갖추고 있다고 말할 수 있습니다. 그것은 '의식' 분별을 조작하는 앞잡이인 동시에 자체가 감수(感受)와 연대 (連帶)하는 기능을 갖추고 있습니다.

예컨대 어떤 사람이 특별한 처지에 처해 마음속에서 골몰하고 있을 때, 비록 그의 눈은 사물을 대하고 귀는 주위의 소리를 듣고 있다 할지라도 평소처럼 소리나 색상에 대한 반응으로 말미암아 즉각 의식적인 사유 분별 작용을 일으키지는 않을 것입니다. 비록 당시 접촉했을 때에는 현실 눈앞의 소리나 색상에 대하여 반응 감 수했을지라도 마음이 거기에 없기 때문에, 평소 때처럼 즉시 '의 식' 작용과 결합하여 그 경계에 대해 사유분별 함으로써 정서상의 갖가지 변화를 일으키지 않습니다. 그러므로 이를 통해서 이해할 수 있듯이, 어떤 사람이 막 사망한 찰나 그때, 의식 작용은 상실되 었지만 생리 관능의 어떤 부분을 떼어내어 따로 이식(移植)한다면 여전히 이어져 부활하는 생명의 기능을 가질 수 있는 것은 바로 이 원인 때문입니다.

제6의식 독영의식

'전5식'은 '제6의식'의 앞잡이입니다. 예컨대 용병(用兵)으로 말 하면 '의식'은 전권(全權)을 지닌 지휘관에 해당합니다. '전5식'은 마치 각각 다른 병종(兵種)의 최전방 보초병입니다. '제6의식'의 주 요 임무는 앞으로는 '전5식'에 통하고 뒤로는 '제7식', '제8식'과

접속되어 있습니다. 모든 사유 분별과 정서 등등의 작용은 모두 '제6의식'의 지배를 받아 좌우됩니다. '제6의식'은 오늘날 주식회사 조직에서의 총지배인에 해당합니다. 위로는 '제8식'이라는 이사회로부터 지시를 받고 상무이사인 '제7식'의 정책결정을 접수하고 아래로는 '전5식'으로 하여금 각종 업무를 달성하도록 지도하고 독촉합니다.

영아의 입태 초기와 태어나서 갓난아기가 되었을 때는 제6의식 기능이 존재는 하지만 아직 성장하지 않아 작용을 발생하지는 않습니다. 아이[童]가 되고 난 뒤에 '의식'은 '전5식'의 영향을 받아 점점 형성될 뿐만 아니라 나이가 들어갈수록 그 형태가 견고해집니다. 그래서 고정된 심리 형태의 일종의 역량 —'업력(業力)'으로 구성됩니다.

'제6의식'은 깨어 있을 때 제8식, 제7식의 권능을 대행하여 사유분별 등등의 작용을 일으킵니다. 만약에 수면이나 꿈 상태에 들어갔을 때는 그것은 의식의 반면인 잠재 기능을 일으켜 전5식의 현장 작업이 필요 없이, 전5식이 원래 수집했던 자료에 근거해서 독립적인 잠재 작용을 일으킬 수 있습니다. 그러므로 유식학은 제6의식의 이러한 잠재 기능을 '독영의식(獨影意識)'이라 이름 짓고 '독두의식(獨頭意識)'이라고도 부릅니다. 이러한 독영의식의 작용은 전5식을 벗어나 단독으로 활동할 수 있습니다. 그 활동의 가장 뚜렷한 범위를 귀납시키면 세 가지 상황이 있습니다. 1) 꿈꿀 때, 2) 신경병이나 정신병이나 더 나아가 기타의 병 등으로 인하여 혼미 상황에 들어갔을 때, 3) 선정(禪定) 중의 모종의 경계입니다. 그러므로 유식학의 입장에서 보면 현대 '심리학'이 이해하고 있는 '잠재의식[潛意識]'은, '하의식(下意識)'[17] 또는 '제6감(第六感)' 등등이라고도 하는데, '독영의식'의 작용을 겨우 아는 것일 뿐입니다.

의식의 근(根)

그러나 '제6의식'은 여전히 진정한 주인이 아닙니다. 그것은 살아있는 사람의 회계사무실 총관리자일 뿐입니다. 그의 무대 뒤의 사장은 바로 '제7식'입니다. 유식학에서의 번역명으로는 '말나식(末那識)'이라고 부릅니다. 이 명사는 많은 의미를 담고 있는데 여기서는 잠시 많은 풀이를 하지 않겠습니다. 보통 일반인들은 그것을 '아집(我執)'이라거나 혹은 '구생아집(具生我執)'이라고 부르는데, 그리 크게 타당하지 않은 것은 아닙니다. '말나식'은 '제6의식'의 뿌리로서, 진정한 '의식'의 근원이라고 할 수 있습니다.

예컨대 한 사람의 타고난 개성(타고난 특성), 그리고 생명과 함께 온, 그 까닭을 모를 습관·생각·천재(天才) 등이 바로 '말나식'의 작용입니다. 그것은 순수하게 '심리적인' 것도 아니고 순수하게 '생리적인' 것도 아닙니다. 그것은 타고날 때 지니고 온 몸과 마음의 본질과 밀접한 관계가 있습니다. 그러므로 알 수 있듯이 어떤

---

17) 중국어 잠의식(潛意識)과 하의식(下意識)은 중한사전에서 한국어 번역으로는 둘 다 잠재의식이다.

사람이 깨어 있을 때 '의식'의 이지(理智)적으로는 자기의 '개성'이 몹시 좋지 않다는 것을 알고서 자기를 즉시 고치고 싶어 하지만 왕왕 불가능하여 실패합니다. '의식'의 뿌리가 되는 '제7식'은 사람들이 바로 '나[我]'라고 여기는 바이자 그 '나'의 진정한 '의근(意根)'이기도 합니다. 불학에서 말하는 생명의 '업력(業力)'도 바로 그것이 그 뚜렷한 작용을 드러낸 것입니다.

그러나 제7식도 뿌리와 연결되어 나누어진 가지입니다. 예컨대 한 무더기의 넝쿨풀이 있다면 그것은 원래의 무더기 가운데 있는 뿌리와 연결된 나누어진 가지의 한 맥일 뿐입니다. 그의 진짜 주인공은 바로 '제8식'입니다. 유식학에서는 이것을 '아뢰야식'이라고 합니다. 이 명사의 의미도 많은데, 잠시 자세히 말하지 않겠습니다. 결론적으로 말해 그것은 마음과 물질의 동일한 근원[心物一元]으로서 우주만유의 동일한 뿌리인 하나의 근본[一本]입니다. 그것은 정신세계와 물리세계가 혼합된 동일연원(同一淵源)입니다. 우주만유는 그것으로부터 생겨나고 또 소멸하여 그것으로 돌아갑니다. 그것은 하나의 '생생불이(生生不已)하면서 생성과 소멸이 멈추지 않는' 다함이 없는 창고입니다.

10. 세속으로부터 출세간까지

의밀과 관상에 대해서 말한다

대체적으로 유식학에서의 '의식'에 대한 인식과 작용을 이해하고 났으니 한 걸음 더 나아가 '의식' 자체에 대해서 토론해보아야 합니다. 그것은 도대체 실제 존재하는 것일까요? 아니면 허황하여 진실하지 않는 것일까요? 그것은 신비한 기능을 갖추고 있을까요? 그것은 영혼의 작용과는 어떠한 관계가 있을까요?

심리학 등의 지식을 포함한 현대 일반적인 학술 지식에 근거하면, '의식'이란 사람이 살아 있으면서 생명이 존재하는 동안의 주요 작용일 뿐입니다. 특별한 심리학 범위에서는 때로는 '영감(靈感)', '제6감(第六感)' 등의 명사를 언급하기도 하지만, 엄격히 말해서 그것들도 모두 다 '의식'의 일종의 특별한 기능 작용일 뿐입니다. 사람이 죽은 뒤에 '의식'은 뿔뿔이 흩어져버리는데 '의식'이 '영혼'으로 바뀌는지 여부는 영혼학 분야의 문제입니다. 현대 심리학 입장에서 보면 근본적으로 서로 별개의 일이어서 조금도 상관이 없습니다. 뿐만 아니라 영혼학은 아직은 맹아의 단계에 있기에 학술계에서 아직은 정식 자리를 하나 차지하지 못하고 있습니다. '의식'은 살아있는 사람 생명 속에서 생각과 감각, 지각의 근원이

자 사람들이 나의 존재를 느끼는 근본이기도 합니다. "나는 생각한다. 그러므로 나는 존재한다."는 말은 '의식'의 사유 작용이 바로 나 자신[人我] 생명의 주요 중심이라는 것을 인정하는 것입니다. 적어도 현실 생활 속에서 일반적으로 모두 그것을 실제적인 존재로 여기고 있습니다.

그러나 대소승 불학의 기본 관점에서 보면 대체적으로 '의식'은 단지 허황하여 진실하지 않는[虛幻不實] 망상 사유가 형성한 것이라고 여깁니다. 그것은 마치 고요하여 파도가 없는 수면에서 우연히 일어났다가 소멸하는 물보라 같아서 처음부터 실질적인 존재가 없으며 얻을 수 있는 무슨 실체도 없습니다. 그러므로 모든 대소승 불학의 수증 방법은 대체로 망상을 깨뜨려 없애고 '의식'을 비워버리는[空] 것을 궁극으로 삼습니다. 그러므로 만약 허황하여 진실하지 않는 의념을 꽉 붙잡음을 이용하여 불법을 수습한다면 대체적으로 옳지 않은 것으로 여깁니다.

그러나 밀종 수련법에서의 '의밀'은 주로 '의식'을 운용하여 관상(觀想)을 하는 것입니다. '본래 없음[本無]'으로부터 '현유(現有)'의 관상 경계를 구성하는데, 이는 '의념'의 기능에 온통 의지합니다. 만약 현교의 대소승 이론에 비춰보면 그야말로 경전의 가르침을 떠나 위반하는 혐의가 있는 것입니다. 왜냐하면 현교를 학습하는 일반적인 사람들은 밀종의 학술 이론적인 근거를 알지 못하고 '공(空)'과 '유(有)' 양쪽을 모두 융화시키는 유식학의 진정한 의의를 이해하지 못하기 때문에, 밀종을 '마도(魔道)'나 '외도(外道)'의 수련법에 가깝다고 오해하는 것이 당연합니다. 인도 후기의 불학이나 티베트 밀교의 학술 이론은 1천여 년 전에 일찍이 성종(性宗)의 '필경공(畢竟空)'과 상종(相宗)의 '승의유(勝義有)'에 대한 논변이 있었는데, 이것도 바로 불법 수증 방법에 관한 변정(辨正)이었다는 것을 아예 모른 것입니다.

유식학은 '마음[心]'의 작용과 기능을 여덟 개의 부문으로 나누어 해석하는데, 비록 '식(識)'의 작용은 허환부실한, 분별 망상(妄相)이라고 말하지만 여덟 개의 식(識) 그 자체의 근원을 파고 들어가 보면 모두 다 현실을 초월한 존재입니다. 그러므로 '승의유(勝義有)'란 것도 그러한 의미입니다. '의식'은 8식(八識) 중에서 중견(中堅) 구성원이므로 더더욱 예외가 아닙니다. 단지 분별 망상의 작용을 최초의[原始] 정태적인 여여부동(如如不動)한 기능으로 방향을 돌려 되돌아가기만 한다면, 그게 바로 '식(識)'을 지혜로 전환해서[轉識成智]' 수증하여 성불하는 기본 효과입니다.

생기차제·원만차제와 관상 성취

이상에서 말한 일반 세속적인 학술이론과 대소승 불학의 간단하고 요점적인 이론을 이해하고 났으니 이러한 것들은 밀쳐놓고 이야기 하지 않기로 하겠습니다. 그러나 '삼계유심(三界唯心)', '일체유식(一切唯識)'과 의념의 현재 있는[現存] 작용부터 이야기하자면, 밀종 '삼밀(三密)' 중의 '의밀'은 확실히 심오하고 비밀스런 내적인 의미를 갖추고 있다는 것을 알 수 있습니다. 동시에 이 점으로부터 서방 '신비학'의 노선은 바로 이것과 서로 통한다는 것을 이해할 수 있습니다. 현교에서 일반 대소승 불학을 포괄하는 공상(空相)은, 대체적으로 '의식'이 일으키는 망상을 환멸(幻滅) 시킨 이후에 남는 그 한 토막의 아무것도 없고 생각도 없는[無物無思] 공령(空靈)한 경계에 주의를 기울여서 중점을 두고, 이런 것이 바로 '공(空)'의 모습[相]이라고 스스로 생각합니다.

이러한 공령하여 '아무것도 없고 생각도 없는' 상황은 바로 평정(平靜)한 의식의 하나의 기본 경계임을 전혀 모른 것입니다. 바꾸어 말하면 이 한 생각[一念]의 파도가 일어나지 않고 평정함이 바로 의식의 진정한 '현량(現量)' 경계라고 스스로 확실히 알고는, 이것이 바로 '공'이라고 자기가 생각합니다. 사실은 이 '공'도 바로 일종의 '환유(幻有)'의 현상입니다. 의식에서 허깨비처럼 나타난 공령한 감각일 뿐입니다. 이밖에 또 언제 정말로 '현량' 밖으로 초월하는 얻을 수 있는 '공'의 모습이 있은 적이 있을까요? 만약에 이러한 '공령'의 경계가 바로 궁극이라고 굳게 고집하면서 힘을 다해 유지하여 수증한다면, 기껏해야 소승의 편공(偏空)의 과위일 뿐 진정한 구경해탈(究竟解脫)이 아닙니다.

그러므로 일본 밀교와 티베트 밀교를 포함한 밀종의 수행법은 '식을 전환하여 지혜를 이루는' 원리를 직접 운용하여 의식이 잠재적으로 간직하고 있는, 비할 바 없는 기능을 일으켜 세속의 습염(習染)[18]을 전환 변화시켜서 세속을 초월한[超然物外] 경계로 바꾸는 것임을 알 수 있습니다. 처음에는 '의식'의 한 생각을 한 군데

---

18) 번뇌와 망상.

집중해서 '관상'을 짓는 것부터 시작합니다. 그리고 고유의 습기(習氣)를 점점 변화시켜 자아가 현실을 초월한 정신세계를 구성합니다. 중국 불법의 종파가운데 진(晉)나라 시대에 '혜원(慧遠)법사'가 창립한 '정토종' 수련법도 이와 똑같은 원리입니다.

그러나 티베트 밀교는 중당(中唐)[19] 이후에 더욱 진일보하여 밀종의 관상 성취방법을 두 부분으로 나누었습니다. 처음은 관상 성취 시작부터를 밀종 수행법의 '생기차제(生起次第)'로 삼습니다. 다음은 관상 성취로부터 '성공자재(性空自在)'로 돌아가야 비로소 밀종 수행법의 '원만차제(圓滿次第)'입니다. 뒷날 티베트 밀교가 일본 밀교와 다른 최대의 특징 하나는, 매 수행법마다 생기차제와 원만차제로 구분했다는 것입니다. 그러므로 이렇게 해서 '공(空)과 유(有)'를 함께 융화시키고 '승의유'와 '필경공'을 관통하여서 '중도관(中道觀)'인 '불이법문(不二法門)'을 이루었습니다. 이것 역시 '비밀종'이 인도로부터 티베트에 전해진 이후에 수증 방법과 불학 이론상에서의 하나의 커다란 진보이며, 결코 일본 밀교와 동일한 노선이 아니라고 말할 수 있습니다.

. . . .

관상 성취의 시험

그러나 일본 밀교나 혹은 티베트 밀교를 닦아 익히는 사람이든

---

19) 사당(四唐)의 셋째 시기. 대종(代宗) 때부터 14대 문종(文宗) 때까지의 약 70년간.

간에, 일념(一念) 사이에 관상(觀想) 성취까지 스스로 진정으로 해낼 수 있는지 없는지가 바로 큰 문제입니다. 일본 밀교의 수행법에서는 관상은 단지 관상일 뿐이라고 말하고 관상의 시효(時效)에 대해서는 엄격한 설명이 없습니다. 일부 티베트 밀교의 수행법이 엄격한 규정으로, 일념 사이에 완전히 관상을 할 수 있어야 한다고 요구하는 그런 것이 아닙니다.

예를 들어 '황교(黃教)' 수행법의 하나인 '십삼존대위덕금강(十三尊大威德金剛)' 의궤(儀軌)에서는 배우는 자에게 일념 사이에 다음의 관상이 이루어지기를 요구합니다, 아홉 개의 머리·열여덟 개의 손·서른여섯 개의 발, 또 각 머리 하나마다 눈이 세 개, 뿔이 두 개, 목·어깨·팔 등이 지니고 있는 팔찌·방울 팔찌·영락(瓔珞), 더 나아가 발아래로 밟고 있는 독사·맹수·사람·귀신·나찰 등등 하나 뿐이 아닙니다.

그러므로 일부 사람들은 밀종의 수행법을 여러 해 동안 배워 익혔더라도, 심지어는 일생 동안 닦았지만 관상이 완전해지지 못합니다. 그런데 어떻게 단지 일념 사이에 관상 성취를 완성할 수 있다고 말할 수 있겠습니까? 이것은 배우는 자가 학술 이론에 어둡고 선정(禪定)의 '지(止)와 관(觀)'에 대한 진실한 경계를 제대로 모르기 때문입니다. 그러므로 종종 헛수고만 하고 모순에 빠집니다. 심지어는 신비한 마장(魔障)에 떨어져서 유사한 신경병과 정신 병태로 변해버리거나 혹은 종교적 변태심리병적인 증상이라고 말할 수 있는데, 정말 깊이 탄식할 일입니다.

또 예컨대 '백교(白教)' 수행법의 하나인 '해모(亥母)' 의궤는 그

엄격하고 신중한 전수 법칙에 근거하면, 역시 반드시 일념 사이에 관상을 해서 자기 몸이 해모의 몸으로 바뀌어야 됩니다. 그리고 삼맥(三脈: 중심 맥은 남색·왼쪽 맥은 홍색·오른쪽 맥은 백색)과 사륜(四輪)(혹은 칠륜七輪) 각각의 그 륜(輪) 위치 사이에 서로 관련된 기맥을 관상 성취해야 합니다. 정륜(頂輪)의 32개 맥은 아래로 향하여 덮어 드리우고, 후륜(喉輪)의 16개 맥은 위로 향하여 펼쳐져 있고, 심륜(心輪)의 8개 맥은 아래로 향하여 늘어뜨리고 있으며, 제륜(臍輪)의 64개의 맥은 아래로부터 위로 받들고 있는 것이, 반드시 하나하나가 분명하고 색상이 또렷해야 합니다. 그리고 해저륜(海底輪)과 제륜 사이의 '졸화(拙火)' 영능(靈能)도 동시에 불 붙여 의념과 기맥을 결합시켜 '마음과 기가 합하여 하나가 되는[心氣合一]' 경계가 되어야만 합니다. 이와 같은 것들을 얼마나 많은 배우는 자들이 정말로 일념 사이에 관상을 성취하여 소원대로 이루겠습니까? 그런 게 당연합니다! 만약 밀종 수행법을 수학하여 일념사이에 관상 성취를 할 수 없다면 '생기차제'의 성취가 있다고 아예 말할 수 없습니다.

바꾸어 말하면 이러한 '생기차제'의 효험이 출현하지 못한 것은 당연히 진정한 '지관쌍운(止觀雙運)'의 초보적인 기초에도 이르지 못했기 때문입니다. 예를 들어 독서할 경우 눈으로 스쳐가도 잊지 않거나, 두루 듣고 기억 잘 하기를 못하는 것은, 뇌력(腦力)이 충분하지 못해서 기억력의 훈련이 부족하거나 아니면 마음속 생각이 산란해서 의지가 집중되지 못하기 때문입니다. 이밖에도 일반적으로 도가의 부록(符籙)을 학습하거나 '신비학'을 학습하는 기본 수련법도 이와 같은 초보적인 원칙과 마찬가지여서, 만약 절대적으로 의념이 전일(專一)한 경계에 이르지 못한다면, 그것도 일종의 마술 놀이일 뿐, '심(心)'·'의(意)'·'식(識)'이 확실히 무한한 신비 기능을 갖추고 있음과 그것의 실존의 '현량(現量)'의 '의밀'의 '밀의'를 절대로 체험할 수 없습니다.

(부록)

도가 신선 수련의 학술 사상

『선여도개론(禪與道槪論)』 제5장 제2절에서 발췌

　도가의 학술은 상고문화의 은사(隱士) 사상에 그 연원을 두고 있으며 전국(戰國) 시대와 진(秦), 한(漢) 시대 사이의 방사(方士)로 변했고, 또한 진(秦)·한(漢)·위(魏)·진(晉) 시대 이후의 신선(神仙)들이 다시 도교의 도사(道士)로 변했으며, 당송(唐宋) 시대 이후로는 다시 연사(煉師)로 불렸습니다. 이 일련의 학술사상은 표면적으로만 보면 몇 단계의 변화가 있었습니다만 실질적으로는 일맥상승(一脈相承)한 것으로서 별로 그리 변화가 없었습니다. 단지 역사문화 발전의 길을 따라서 다른 외래의 학술방법을 흡수하여 확충하였을 뿐입니다. 도가 학술사상의 중심은 이 일련의 수련 방법 위에 세워지고, 도교는 도가의 내용을 그대로 답습하였습니다. 즉, 이러한 일련의 학술 사상을 토대로 삼았는데, 이제 우리가 종합적인 소개를 하겠습니다. 그리하여 온 세계가 그 신비하여 헤아리기 어려운 것으로 여기는 도가의 호리병 속에서 도대체 파는 약이 무엇인지를 조금 알 수 있도록 하겠습니다.[20]

---

20) 부록의 두 편의 글 중 나오는 도가 관련 용어나 인용 내용은 대부분 남회근 선생의 『노자타설』·『장자강의』·『주역계사강의』·『역경잡설』 그리고 『참동계강의』 등에 있으므로 함께 읽어보기 바람.

(1) 인생의 의미에 대한 도가와 도교의 평가

우리는 평소에 단지 알고 있기를, 중국문화는 유가의 공맹(孔孟) 학술을 대표로하여 가능한 한 인문도덕 사상을 천양하고 있으며, 인문을 본위로 제창하여 오경(五經), 육예(六藝)라는 인문철학 사상체계를 구성한 것으로만 알고 있습니다. 그러나 상고 역사 문화로부터의 전통과 오경학계(學系)와 관계, 그리고 제자백가 속에 흩어져 보존되어 있다는 사실을 잊어 버렸습니다. 우리 조상들이 후대 자손들에게 남겨준 인생 과학의 학술사상은, 게다가 멋대로 내동댕이쳐 흩어져 버렸는데, 정말로 대단히 유감스러운 일입니다.

다들 알고 있듯이 고금동서의 철학은 모두 우주와 인생의 문제를 연구하고 있으며, 그 속에서 인류로 하여금 영원히 평안하게 할 수 있는 대책을 얻게 하고 싶어 했습니다. 하지만 철학사상은 종교 신앙과 꼭 마찬가지로 모두 인생에 대한 비관, 세계에 대한 결함에 바탕을 두고 출발했습니다. 비록 철학은 종교와 마찬가지로 모두 현실 인생과 현실 세계의 문제를 위하여 노력하지만, 그 최종적인 요구와 최고의 목적은 대체적으로 모두 생사 문제를 연구하기 위한 것입니다. 특히 종교 사상적인 면에서는 일반인들이 말한 그대로, 모두 죽음의 문제를 위하여 일하고 인생을 경멸하고 현실을 부정합니다. 물론 그들도 역시 인생을 선하게 하고[善化] 현실을 아름답게 하려고[美化] 힘을 다하고 있지만, 그러나 그것의 목적은 여전히 현실 인생 노력의 성과를 사후의 영혼 해탈[超脫]의 밑천으로 삼고 있습니다. 바꾸어 말하면 종교와 철학은 대체적으로 죽음과 멸망이라는 한쪽 편에 서서 선전하고 영혼의 승화를 외치고 있습니다. 오직 중국 문화만이 『역경(易經)』 학계의 사상에 근거하여 그러한 정신들과 크게 다른 점이 있습니다. 왜냐하면 생과 사, 존재와 멸망은 단지 두 가지 상대적인 현상에 지나지 않는 것으로서, 마치 한 막대기의 양쪽 끝과 다를 바가 없기 때문입니다. 또한 아침과 저녁과도 같아서, 만약 서산에 해가 지고 황혼이 지는 쪽에 서서 '눈부신 해는 산 너머로 떨어지고, 황하는 바다로 흘러 들어가네 [白日依山盡, 黃河入海流].'라는 정감의 경치를 바라보면, 모든 것은 과거만 있고 미래가 없기에, 정말 한없이 처량한 서글픈 감정만이 가득합니다. 하지만 아침에 동쪽에 서서, '누각에서 푸른 바다에 뜨는 해를 바라보고, 문을 나서서 절강(浙江)의 조수를 마주하네 [樓觀滄海日, 門對浙江潮].'의 일면과, '들불에도 모두 타서 죽는 것은 아니니, 불어오는 봄바람에 또 살아나네 [野火燒不盡, 春風吹又生].'라는 생명의 근원을 바라보면, 영원히 내일이 있고 다함없는 미래가 영원히 있기 때문에, 정말로 우리에게 견줄 바 없는 생기(生氣)와 무궁한 미래의 전망[遠景]을 줍니다. 중국 문화 『역경』 학계의 사상은 바로 생(生)이라는 한 쪽으로부터 우주 만유와 인생을 바라봅니다. 이 때문에 '생겨나고 생겨나기를 그치지 않음을 역(易)이라 한다 [生生不已之謂易].'는 관념을 세웠습니다.

상고의 양대 문화의 주류인 도가와 유가는, 이 생명은 무궁하다는 철학의 기초로부터 출발하여 인간 본위의 생명 가치와 인류 지혜의 기능이, 결함의 천지에 대하여, 슬프고 고통스런 인생에 대하여, 생멸(生滅)하는 생명에 대하여, 천지 물리의 결함을 메워줄 수 있다고 보았습니다. 그리하여 인생의 목적과 가치는 바로 '천지가 만물을 변화시키고 양육하는 것에 참가하여 돕는[參贊天地之化育]' 기능에 있다고 확립했습니다. 다시 말하면 사람이란 생물은 무궁한 잠재능력이 있기 때문에, 만약 스스로 그것을 발굴해 낸다면 천지 만유의 결함을 채울 수 있다고 보았습니다. 도가의 학술사상은 이러한 관념에 바탕을 두고 출발하여 사람의 생명은 본래 "생명력이 천지와 같고 수명이 일월과 같다 [天地同休(齡), 日月同壽(命)]."고 보았습니다. 뿐만 아니라 천지를 통제할 수 있고 물리를 조종할 수 있다고 보았습니다. 그런데 왜 이러한 잠재능력을 발휘할 수 없을까요? 왜 자신이 그렇게 하지 못할까요?

① 인간 자신이 생명의 근원을 인식하지 못하고 외물에 가리고 칠정(七情)과 육욕(六慾)에 어지럽혀져서 언제 어디서나 자기 스스로 골치 아픈 일을 만들어내고 자기 수명을 감소시키기 때문이라고 봅니다.

② 연속하고 보충하는 원리를 모르고 단지 감소하는 소모만 알기 때문이며 증가의 묘용(妙用)을 알지 못하기 때문입니다. 전국 시기에 이르러 시대의 운수가 쇠퇴하고 세상이 어지러운 자극 때문에, 자유로운 강학 기풍의 성행하였기에, 민간에서의 학술 사상 연구가 상류 사회에서 점차 중시되었습니다. 그래서 연(燕)나라와 제(齊)나라 사이에 이러한 사상 관념을 독실하게 믿는 방사들이, 어떤 사람은 천문물리, 지구물리로부터 연구하여 인체의 생명 규율은 끊임없는 천지 운행의 규율과 서로 같다고 보고 일종의 양생의 원칙과 방법을 세웠습니다. 이러한 방법의 총칙 아래에서 어떤 사람은 물리적 생리적인 연구를 했으며, 어떤 사람은 화학 약물적인 연구를 했으며, 어떤 사람은 정신을 단련하고 신기(神氣)를 보양하여 기르는 연구를 했으며, 어떤 사람은 제사와 기도, 생각을 정화하는 신앙적인 연구를 했습니다. 그런 갖가지 모습들이 표출되어 저마다 한쪽을 고집했습니다. 하지만 이것은 단지 그들의 인생

수양의 방술 관념에 대해서만 한 말입니다. 그들은 이러한 방술 관념에서 출발하여, 입신 처세에 이르러서는 인(人)과 사(事)의 관점에 사용하여 역시 일련의 사상과 이론이 저마다 있어서, 제자백가의 같고 다른 학설들을 구성했습니다. 우리는 이러한 절대적이고 숭고한 현실 이상이 정말로 그렇게 할 수 있는지는 잠시 상관하지 않기로 하고, 적어도 이러한 인생 가치와 생명은 위대한 기능을 갖추고 있다는 관념과 이론은 사실 세계 문화 사상사 속에서 역사상 전례가 없는 것이고, 오직 중국의 한 학파인 도가가 맨 처음 그 설을 제창한 것입니다. 과거 중국 의학의 이론 기초는 완전히 도가의 이러한 학술 사상으로부터 나왔습니다. 그래서 위진 시대 이후에 의술가는 『역경』·『황제내경(黃帝內經)』·『난경(難經)』과 도가 학술을 통하지 못한 사람은 의리학(醫理學)에서 크게 결함이 있게 되었습니다.

(2) 방사 사상의 영향

춘추, 전국 시기에 새롭게 일어나 유행했던 이런 방사들의 사상은, 그저 경전을 궁구하고 글을 읽었던 학자들에게 있어서는 앉아서 도를 논하고 인문 사상을 토론한 것 이외에는 완전히 과학적인 흥취가 결여되어 있었으며 중시하지도 않았습니다. 심지어는 황당하고 불경스러운 것으로 여겨서 모조리 깔보았습니다. 그러나 통인달사(通人達士)인 상류 인사들에게서는 무지 몽매한 평민들과 마찬가지로 다소 얼마간 그 영향을 받았습니다. 그래서 당시에 유행한 양신(養神)·복기(服氣)·이약(餌藥) · 사도(祀禱) 등의 기풍이 점점 보급되었습니다. 마치 오늘날의 이 과학 시대에 과학을 이해하건 모르건 간에 아톰(atom) 아이스크림, 아톰(atom) 이발과 같은 과학적인 기풍을 따라 멋대로 떠들어 대는 것과 다름없었습니다. 특히 미국의 경우는 과학 환상 소설이 마치 『봉신방(封神榜)』처럼 유행하고 있습니다. 이제 우리는 당시의 도가 방사 사상에서 저명한 학설만을 분류해서 예를 들어 설명하겠습니다.

(가) 양신론자의 이론과 방법

물론 노자(老子)를 제일 존숭합니다. 예를 들면 노자가 말한 양신론(養神論)의 원칙에는, "곡신(谷神)은 죽지 않는다. 이것을 일러 현빈(玄牝)의 문이라고 한다. 이것은 천지의 근원으로서, 면면히 이어지며 있는 듯 없는 듯하면서, 이를 아무리 써도 지치지 않는다 [谷神不死, 是謂玄牝. 玄牝之門, 是爲天地根, 緜緜若存, 用之不勤]."가 있습니다.21) 노자는 이 곡신을 얘기 했는데 후세의 일부 방문좌도(旁門左道)의 도사들과 연사들은 그것을 억지로 의학의 범위로 끌어가서, 신체의 생리상으로 적용하여 여기의 '곡(谷)'자를 곡식 '곡(穀)'자로 보고, 곡신은 비위(脾胃)의 신(神)이라고 해설하는 경우가 있습니다(도사들은 그것을 중궁中宮 부분이라고 부릅니다). 또 한 가지 해설은 곡도(穀道)입니다(대장과 신장이 연결되는 부분입니다). 그래서 방귀도 참고 뀌지 않으면서 곡도를 조여 모으는 것이 바로 노자의 도법에 부합하며, 곡신을 수련하는 신묘한 방

---

21) 『노자』 제6장을 참조하기 바람.

법으로 보았습니다. 그런데 노자가 말한 곡신은 『도덕경』(제16장)에서의 '허(虛)의 극점에 도달하고 정(靜)을 지키기를 전일하게 한다 [致虛極, 守靜篤].'의 도리를 자세히 읽어보고, 그가 말한, "만물은 끊임없이 번성하지만, 각각 그 근원으로 다시 돌아간다. 근원으로 다시 돌아감을 정(靜)이라고 하고, 이를 일러 생명의 근원으로 회귀함이라고 한다 [夫物芸芸, 各歸其根, 歸根曰靜, 靜曰復命]."는 방법론을 읽어보기만 하면, 바로 곡신에 대한 주해임을 알 수 있습니다. 심신(心神)을 편안하게 하여 고요하기를 산의 계곡처럼 텅 비어 아무것도 없는 것처럼 하면 '빈 골짜기가 소리를 전하고 빈 대청에서 또렷이 들으며[空谷傳音, 虛堂習聽]', '면면히 이어지면서 있는 듯 없는 듯한[綿綿若存]' 경계를 체험할 수 있습니다. 위·진·수·당 시대 이후에 도가는 존신양성(存神養性)의 방법을 도가 의학인 『황제내경』과 도교에서 지은 『황정경(黃庭經)』과 결합시켜서 '내시반조(內視返照)'와 '장생구시(長生久視)'라는 이론으로 낳았습니다. 그러므로 '내시(內視)'와 '배꼽을 지키는[守肚臍眼]' 방법은 모두 후세 도가 수련의 일이지 선종의 술어가 아닙니다. 만약 잘못 알고 있는 사람이 있다면 당연히 주의해야 합니다.

그렇다면 도가에서 말하는 신(神)은 도대체 또 어떤 것일까요? 이것은 전국 시기의 자서(子書)들 속에 같고 다른 설들이 많이 있는데, 우선 대충 몇 개의 예를 들어 설명하겠습니다.

『역경 계사전(繫辭傳)』에 "신(神)은 방위도 없고 형상도 없어서 존재하는 곳도 존재하지 않는 곳도 없으며 역(易)은 고정된 본체가 없다 [神无(無)方, 而易无(無)體]."라고 했습니다.

훗날 사마담(司馬談)에 의해 저작된 「논육가요지(論六家要旨)」 중에서 말하기를, "무릇 사람이 살아가는 것은 신(神) 때문이고 의탁하는 것은 형체이다 [凡人所生者神也, 所托者形也]." "신이란 생의 뿌리요. 형체란 것은 생명의 도구이다 [神者, 生之本也, 形者, 生之具也]."라고 했습니다.

사마천(司馬遷)은 「율서(律書)」속에서 더욱 이 의미를 발휘하여 말하기를, "신(神)은 기(氣)를 지배하고 기(氣)는 형체에 의해 나타난다 [神使氣, 氣就形]." "성인이 있지 않다면 단지 총명에만 의지하겠는가? 누가 능히 천지의 신과 형체가 이루어지는 사정을 살필 수 있겠는가! [非有聖人以乘聰明? 孰能存天地之神, 而成形之情哉]"[22]라고 했습니다.

사마씨(司馬氏) 부자가 말하는 형(形)과 신(神)의 문제는 「황제내경태소본신론편(黃帝內經太素本神論篇)」 중의 기백(歧伯)이 다음과 같이 말하는 형신론(形神論)의 원칙과 일치합니다.

"형(形)이란 밖의 외형에 반영되는 것이니, 눈으로 환자의 외형을 깊게 살펴보며, 환자에게 아픈 곳이 어디에 있는지를 묻고, 다시 경맥에서 찾아보아 서로 결합하여 종합적으로 이해해서 진단해보면 보면 병의 상황이 비로소 분명하고 온전히 눈앞에 드러납니다. 맥을 짚어도 병의 상황을 가려내지 못하겠으면 다시 그 병의 상황을 알 수 없어 외형을 살펴보기 때문에 '형'이라고 합니다

形乎形, 目冥冥, 問其所痛, 索之于經, 慧然在前, 按之不得, 復不知其情, 故曰形.

---

22) 출처는 사기(史記) 권 25 「율서(律書)」인데, 일반 판본은 "非有聖心以乘聰明, 孰能存天地之神, 而成形之情哉?"이다. 이를 해석하면 "성스러운 마음이 없다면 총명만을 의지하여 누가 천지의 신과 형체가 이루어지는 사정을 살필 수 있겠는가?"로 풀이할 수 있을 것이다.

"신(神)이란 번개처럼 아는 것입니다. 귀는 비록 환자의 호소를 들어보지 못했지만 눈으로 바라보는 망진으로는 그의 변화를 압니다. 마음속에서는 먼저 질병의 상황을 영감적으로 바로 압니다. 언어로써 그것을 형용할 수 없습니다. 마치 어떤 것을 관찰할 경우 다들 바라보고 있지만 오직 자기만이 독자적으로 볼 수 있습니다. 어둠속에서 아주 모호한 것 것이 갑자기 또렷이 드러남과 같고 또 바람이 불어 구름이 흩어지는 것과 같습니다. 그래서 이를 '신'이라고 합니다

神乎神, 不耳聞, 目明 ,心開, 爲志先. 慧然獨悟, 口弗能言, 俱見獨見, 適若昏, 昭然獨明, 若風吹雲, 故曰神."

이러한 도가 사상에서 말하는 신(神)과 관련 있는 것들은 종교적인 성격으로 말해지는 신이 아닙니다. 뿐만 아니라 이러한 신의 이론은 과학적인 것이지 순수하게 철학적인 것도 아닙니다. 그러나 그것은 물리적인 유물 사상이 아닙니다. 그것은 신이 물질을 부릴 수 있다는 것으로 생명 근원인 심물일원(心物一元)이 되는 사상입니다. 도교『황정경』의 손안에 들어가서는 이러한 원시 도가의 생명적 신론(神論)은, 그들에 의해서 도포의 법복으로 입혀지고 귀신의 얼굴 모습으로 그려져서 인체의 오장육부와 사지백해(四肢百骸) 각각의 혈도(穴道) 속으로 들어가 서 있습니다. 그러므로『황정경』사상의 관념에 의하면 우리들의 이 생리적인 신체는 그야말로 하나의 신의 신비 세계가 되었습니다. 만약 그것을 이용하여 유가사상과『대학』·『중용』에서의 계신공구(戒愼恐懼)의 이론을 해석하고 성(誠)과 경(敬)의 심지(心志)를 배양한다면, 오히려 가장 좋은 주해가 됩니다23). 순수하게 도가의 원시 과학사상 관념에서만

---

23) '계신공구'는『중용』첫머리 중에 나오는 말이다. "도(道)라는 것은 잠시라

보더라도 이러한 생리와 종교적인 성격을 일관하는 학문은 실재로 세계 종교 사상사에서 오직 하나 뿐이고 둘도 없는 경계인데, 여기서는 자세히 말할 시간이 없습니다.

(나) 양기론과 연기론의 선구자

주(周)나라 목왕(穆王) 이후 동주(東周)가 시작되고 춘추 기간에 이르기까지 도가 방사들의 수양방법은 양신(養神)쪽에 기울어 있었습니다. 전국시대에 이르러 의약의 진보로 말미암아 약이(藥餌)와 연단(煉丹)의 방술이 성행했습니다. 이 때문에 도가의 수련 방법은 양신만을 전문적으로 주장하는 단계로부터, 형체와 정신이 함께 오묘한 형신구묘(形神俱妙)[24]를 함께 수련하여 복기(服氣)와 연기(煉氣)에 편중하는 단계로 진입했습니다. 이 시기의 도가 대표자인 장자(莊子)는 여기저기에서 형신구묘의 방법과 이론을 함께 논하고 있습니다. 그래서 함께 도가

도 닦음을 떠나서는 안 되는 것이니, 떠나도 된다면 도가 아니다. 그러므로 천연 자성을 알고 나서 도를 닦는 군자는 언제 어디서나 마음이 일어나고 생각이 움직임에 대하여, 다른 사람이 보지 않는 곳에서도 경계하고 신중하며, 다른 사람이 듣지 않는 곳에서도 두려워하여 방임(放任)하지 않고 멋대로 함부로 행동하지 않는다[道也者, 不可須臾離也; 可離非道也。是故, 君子戒慎乎其所不睹, 恐懼乎其所不聞。莫見乎隱, 莫顯乎微, 故君子慎其獨也].　아울러 '성(誠)'과 '경(敬)' 등에 대해서도　남회근 선생의 『대학강의』와 『중용강의』를 읽어보기 바람. 본문 속에 이어서 나오는 『노자』 『장자』 『맹자』 등으로부터의 인용 구절에 대해서도 선생의 강의들을 읽어보기 바람.

24) 형체와 정신이 함께 오묘하다. 몸과 마음을 수련 전화(轉化)시켜 이를 합일시키면 나타나는 상태. 형신합일(形神合一) 또는 형신통일(形神統一)이라고도 한다.

종조(宗祖)가 되는 노자와 장자의 학술 사상은 비록 맥락은 서로 이어지지만 이론적인 지취와 방법적인 면에서는 같고 다른 점이 있게 되었습니다. 장자가 말하는 양신 원리는 대체적으로 만물을 잊고 몸을 잊고 생사를 하나로 보아 꿰뚫는 것에서 벗어나지 않습니다. 만물과 나를 무형(無形)에서 통일하는[齊] 것입니다. 그리고 방법 면에서는 특히 재심론(齋心論)과 좌망론(坐忘論)을 제시하여 양신합도(養神合道)25)의 근본으로 삼습니다. 그리하여 그것으로 하여금 '자기 내심의 밝은 광명이 나타나며 길상이 고요함에 머무르는[虛室生白, 吉祥止止]' 경계에 도달하게 합니다. 그런 다음에 '천지의 정기를 타고 물리세계인 육기(六氣)의 변화를 지배하며, 무궁(無窮)의 경지에 노닐[乘天地之正, 而御六氣之辯, 以游無窮者]' 수 있습니다. 노자의 도묘(道妙)이론에 견주어보면 이미 상당히 구체적으로 발전했습니다. 하지만 그는 양신이외에도 양기(養氣)의 방법도 제시하고 다음과 같은 이론으로 설명합니다.

"진인(眞人)은 발바닥까지 깊게 숨을 쉬지만, 보통사람들은 목구멍까지 얕게 숨을 쉰다 [眞人之息以踵, 衆人之息以喉].", "척추신경계통인 독맥을 따라 양생의 길로 삼으면, 신체선강을 본존하고 삶을 행복하게 살 수 있으며, 부모에게 효양하고 가정을 돌보며 천수를 다할 수 있다 [緣督以爲經, 可以保身, 可以全生, 可以養親, 可以盡年]."고 하여 곳곳에서 기기(氣機) 존재의 작용과 생명 관건의 도리를 설명하고 있습니다. 장자의 이런 학술 사상의 발전은 방사 사상의 영향을 받은 것이 뚜렷합니다.

---

25) 신(神)을 길러 도에 부합함. 양신(養神)이란 심리적인 갖가지 잡념을 청소하여 신체가 인위적인 의식의 영향을 받지 않도록 하여 신체로 하여금 자연으로 회귀하게 하는 과정을 말한다.

장자만 이럴 뿐만 아니라 그와 선후 동시대에는, 공자를 곧바로 이어서 "인(仁)을 행하고 의(義)를 따름은 지금 천하에 나 말고 그 누구이겠는가 [行仁由義, 當今天下, 捨我其誰]?"라고 한 맹자도 그의 학설 속에서 수양방법을 이야기 하고 있습니다. 그런데 이것도 도가 방사의 양생사상의 영향을 받은 것이 뚜렷합니다. 공자의 원래의 평실(平實)한 학설과는 이미 그 취지가 크게 다르고 증자(曾子)의 신독(愼獨)과 성의(誠意), 그리고 자사(子思)의 성명(誠明)과 명성(明誠)의 양신(養神) 방법과도 크게 다릅니다. 맹자는 수양 방법 면에서 아예 양기(養氣)에 관한 언론을 다음과 같이 제시하고 있습니다. "의지(志)는 기(氣)를 통솔한다 [夫志氣之帥也]." 더 나아가 특별히 제시하기를, 그 야기(夜氣)를 길러서 아침의 기운의 기상(氣象)에 이르고, 그런 다음 호연지기(浩然之氣)에 이르도록 길러 천지 사이에 가득 채우라고 합니다. 뿐만 아니라 더더욱 구체적으로 양기(養氣)의 진수(進修) 단계를 다음과 같이 말합니다,

"수도(修道) 공부가 지기 몸에서 즐거움이 일어나, 하고 싶어져 희락(喜樂)의 경지에 도달한 것을 착하다[善]고 말한다. 심신과 한 덩이를 이루어 몸의 영향을 받지 않는 경지에 도달한 것을 미덥다[信]고 말한다. 천지에 호연지기(浩然之氣)가 충실해진 경지에 도달한 것을 아름답다[美]고 말한다. 그렇게 충실해졌을 뿐만 아니라 원만하고 청정한[圓滿淸淨] 광명의 경지에 도달한 것을 크다[大]고 말한다. 그렇게 커지고 난 뒤 신통변화작용을 일으킬 수 있고 성인의 지혜[聖智]의 묘용(妙用)이 있는 경지에 도달한 것을 성인의 경지[聖]라고 말한다. 성인의 경지가 알 수 없고 말로 할 수 없는 경지에 도달한 것을 신(神)이라고 말한다

可欲之謂善, 有諸己之謂信, 充實之謂美, 充實而有光輝之謂大, 大而化之之謂聖, 聖而不可知之謂神],"

이런 이론이 어떻든 간에 공자, 증자, 자사가 전승한 수양방법 이론 속에서 이러한 종류와 유사한 노선을 찾아내기는 실재로 어렵습니다.

2천 년 동안을 거친 도가의 연단 학설은 처음부터 끝까지 기(氣)의 범주를 벗어나지 못했습니다. 일반적으로 '장생불로'를 추구하고 싶어 수도하는 사람들은 삼키고 뱉고 내쉬고 들이쉬며[呑吐呼吸] 곰이 나뭇가지에 매달리고 학이 목을 길게 늘이듯이 체조를 하며[熊經鶴伸]26) 날마다 토고납신(吐故納新)하면서 기를 단련하는 것을 수도의 밑천으로 삼았습니다.

그렇다면 도가에서 말하는 기(氣)는 도대체 무엇일까요? 저에게도 늘 이렇게 묻는 사람들이 있습니다만 "복기(服氣)는 어느 곳으로 귀납시켜야 옳을까요? 하단전(下丹田: 배꼽 밑)일까요? 중궁(中宮: 위강胃腔 부분)일까요?" 이 신체는 마치 안팎이 바람이 통하는 가죽 주머니와 같아서 그 안에 많은 골격·장부·전체 신경계통·혈액과 내분비가 가득 들어 있어서 머리카락 하나를 잡아당기면 몸 전체가 움직이며 곳곳마다 흘러서 장애가 없는 것임을 전혀 모르는 것입니다. 예컨대 고무공이 하나 있다고 합시다. 당신이 그 안에 공기를 주입할 때 공기를 고무공의 고정된 한 지점에 집중시키고자 한다면 그게 가능하겠습니까? 만약 불가능하다면 토납호흡(吐納呼吸)의 연기술(煉氣術)은 통풍 작용과 다를 바가 없어서 이를 빌려 불어서 청결하게 하는 운동으로 삼을 뿐입니다.

---

26) 도인술(導引術)

어디에 기를 쌓아서 단(丹)을 연마하여 장생불로의 성과를 얻을 수 있겠습니까? 인도의 일부 요가 연기술 이론은, 공기 가운데는 햇빛에너지와 그리고 많은 알 수 없는 물리적 양분이 충만하며 사람의 수명을 증가시킬 수 있다고 여깁니다. 물론 혈기 속에는 사람의 인체에 영양이 되는 많은 작용이 있습니다만, 예컨대 산소는 지나치게 흡수된다면 그 역시 유해하고 무익한 것으로 변할 수 있다는 것을 전혀 모르고 있습니다. 햇빛 에너지를 너무 많이 흡수하면 역시 인체의 형질을 바꿀 수 있고, 심지어 좋지 않은 결과를 불러일으킬 수도 있습니다. 요컨대 이런 이론들은 그럴 듯하지만 틀리고 헛된 말들입니다. 사실은 다들 글귀에 의지해서 그 의미만을 해석하는 잘못에 기만당한 것이지, 도가의 진정한 의미를 이해하지 못한 것입니다. 그러므로 위진 시기 이후의 신선가들은 사람들이 氣자의 의미를 오해할까봐 몹시 두려워해서, 다시 한 가지를 독창해 내어 이 氣란 글자를 炁란 글자로 고쳐버렸습니다. 이렇게 한 것은 후세 도가의 또 다른 파의 방문(旁門)인데 글자를 분해하는 방식으로써 도를 전하는 일종의 선구이기도 합니다. 이렇게 無(无)와 火(灬)를 조합하여 이루어진 炁란 글자는 도가가 이 氣는 공기가 아니라는 도리를 설명한 데 이용한 것입니다. 또 하나의 개념이 있는데, 氣 · 气 · 炁 세 개의 중국 문자로써 세 개의 층을 해석하였습니다. 쌀 미(米)가 들어 있는 氣란 글자는 호흡의 氣를 가리킵니다. 氣 글자에서 쌀 미(米)를 더하지 않으면 공기의 기(气)를 가리킵니다. 오직 無(无)와 火(灬)가 결합된 炁 글자야말로 도가가 말하는 기(氣)입니다. 무엇이야말로 도가의 氣자의 진정한 함의일까요? 그것은 바로 생명이 본래 갖고 있는 잠재적 능력을 가리키는 것입니다. 전기도 아니고 원자의 작용도 아닙니다. 우리가 현대 관념의 입장에서 현대 지식을 빌려 쓴다면 물리학상의 추상 명사인 에너지라고 말할 수 있는데, 잠정적인 해석으로만 삼겠습니다. 이로써 알 수 있듯이 토고납신 등의 기 수련 방법은 그것이 건강 양생에 쓸모가 없다는 말이 아니라, 도가 토고납신 등의 기 수련 방법을 이용하는 것은 마치 성냥개비 하나를 빌려서 자신의 잠재적인 에너지에 불을 붙이는 일종의 방법에 불과하다고 할 수 있을 뿐입니다.

우리는 이런 전문적인 해석에 대해서, 시간 절약을 위해서 많은 얘기를 할 수 없습니다. 이제 계속 설명하겠습니다. 전국시기의 도가는 방사들이 '형신구묘(形神俱妙)'의 복기(服氣)와 연기(煉氣)의 수양방법을 제시한 이후로 '방사'의 관념으로부터 '신선'의 경계까지 끌어올려졌는데, 그 중간에 획기적인 관념은 또한 장자(莊子)로부터였습니다. 전통적인 신념 속에서 도가 높고 덕이 아름다운 사람은 선생(先生)·대인(大人)·군자(君子) 더 나아가 성인(聖人)으로 불러서, 보이지 않는 가운데 이를 사람의 위계 중에서 제일 높은 기준으로 삼았습니다. 장자는 이 기준으로부터 더 끌어올려 지인(至人)·신인(神人)·진인(眞人)의 명호를 만들었으며, '지인은 자기가 없고 신인은 공로가 없으며 성인은 이름이 없다 [至人無己, 神人無功, 聖人無名].'와 같은 말을 했습니다. 후세 도가와 도교에서는 도를 얻은 신선을 부르는 데 쓰는 칭호로써 그 사람을 진인이라고 부른 것은, 바로 장자의 관념으로부터 시작한 것입니다. 우리는 알아야 합니다, 장자의 전체 사상의 관념 속에서 만약 어떤 사람이 이러한 신인의 경계에 도달하지 못했다면, 사람됨이 꼭대기에 도달하지 못한 것이기 때문에 지인(至人)이라고 부를 수 없습니다. 왜냐하면 사람됨이 사람의 최고의 경계에 도달하지 못했기 때문입니다. 그러므로 많고 많은 중생들은 모조리 '가인(假人)'입니다. 즉, 훗날 도가 사상에서 말하는 '걸어 다니는 시체요 뛰어다니는 고깃덩이[行屍走肉]'일 뿐 '진인'이 아닙니다. 장자의 이러한 인생에 대한 가치와 인격 승화의 표준이 말하는 의미는 정말 너무나 높습니다. 일반인들의 입장에서 보면 바라볼 수는 있겠으나 미칠 수는 없는 요소가 있습니다. 그러므로 다들 그를 모든 도가 사상과 마찬가지로 일종의 이상주의로 봅니다. 사실 인생 생명의 관념을 우주의 기능과 같은 정도로 끌어 올렸는데, 어찌 옳지 않겠습니까? 단지 사람이 스스로 존귀하고 스스로 위대하고 싶으면서도 위대해지기에는 또한 부족할 따름입니다. 그러므로 자기를 낮추어 보고 감히 감당하지 못할 뿐입니다. 그럼 그가 제시한 '진인'과 '신인'의 경계는 무엇일까요? 다음과 같이 말합니다.

막고야(藐姑射) 산에 신인(神人)이 사는데 살결은 빙설(氷雪) 같고 몸매가 날씬하고 예쁘기는 처녀와 같다. 곡식을 먹지 않고 바람을 호흡하며 천상의 이슬을 마신다. 구름을 타고 비룡(飛龍)을 몰아 사해(四海) 밖에서 노닌다. 그의 정신은 응결 집중 되어있어 접촉하는 주위의 사람이나 사물로 하여금 크고 작은 병에 걸리지 않게 하고, 그 해 곡식도 자연히 자라 익게 한다

藐姑射之山, 有神人居焉, 肌膚若冰雪, 綽約若處子, 不食五穀, 吸風飲露. 乘雲氣, 御飛龍, 而游乎四海之外. 其神凝, 使物不疵癘, 而年穀熟.

장자의 이와 같은 '신인'의 묘사는 자주 보이고 드물지 않습니다. 어떤 곳에서는 신인이 해와 달을 타고 놀러 다닌다고 말하여서 구름을 타

는 것보다도 더욱 확대했습니다. 그는 사람의 경계와 가치를 끌어 올렸기 때문에 높은 곳에 살면서 아래를 내려다보고 허공에 의지하여 새가 멀리 내다보는 것과 같으니 자연스럽게 세속을 경멸하고는 저열하여 말할 가치도 없다고 여기게 됩니다. 그러므로 그는 말합니다. 이와 같은 신인들은 그의 찌꺼기 물질만 가지고서도 성인을 많이 만들어 낼 수 있다고 하니, 기타의 것은 또 더 말할 것이 또 무엇이 있겠습니까? 다음과 같이 말합니다.

이 사람은 물리세계가 해칠 수 없기에, (온 지구에) 거대한 홍수가 하늘까지 차고 넘치더라도 빠져 죽지 않고, 거대한 가뭄이 쇠와 돌을 녹이고 흙과 산이 타더라도 뜨거워하지 않소. 그는 자신의 몸의 땀 찌꺼기를 당신에게 먹게 하여 요순(堯舜) 같은 성인이나 제왕으로 변하도록 빚어낼 수가 있는 사람이오. 그런데 그가 왜 물리세계의 것을 눈에 두려하겠소

之人也, 物莫之傷, 大浸稽天而不溺, 大旱金石流土山焦而不熱. 是其塵垢秕糠, 將猶陶鑄堯舜者也, 孰肯以物爲事!

(다) 복이자의 이유

복이자(服餌者)를 얘기하면 고대 도가의 학설 속에서도 그것을 복식 '(服食)'이나 '이약(餌藥)' 등등의 명칭으로 부르고 있습니다. 요컨대 이 것은 도가 '방사'가 변천하여 성립 된 후세의 단도파의 '연단(煉丹)'과, 단약을 복식하여 신선이 되는, 도가 물리 과학이면서 철학인 정통파입

니다. 즉, 중국 상고 원시의 과학지식이 물리 관념에 대하여 생물생명학의 이상을 인용하여, 약물로써 심신 생리의 기질을 변화시키고 사람의 수명을 늘려서 신선이 되는[羽化登仙] 요구에까지 이르도록 기도(企圖)한 것입니다. 그들은 세계에서 화학의 기원을 연 선구자들이자 초기 약물학 연구의 주류가 되기도 합니다. 이러한 약물 복이를 위주로 하는 도가의 유파야말로 전국 시기의 이른바 진짜 '방사'들이며 아울러 그 속에는 의학 인사들도 포함됩니다. 왜냐하면 중국 고대 역사에서 유가 사상의 관념에서 출발하여 세상 사람들 구제하여 살리는 의약에 종사한 사람들에 대해서는 일률적으로 방기지사(方伎之士)라고 불렀기 때문입니다. 그래서 줄곧 그들과 방사를 동등하게 대했으며 그들은 유림 속에서는 지위가 없었고 중시되지도 않았으며, 때로는 그들을 불가나 도가와 마찬가지로 나열하여 강호의 하찮은 기술자로 경시하였습니다. 그래서 명·청 시기 이후에 학자로서 의학에 종사한 많은 사람들이 자기 자신을 '유의(儒醫)'라는 간판으로 특별히 표방함으로써 학술적인 지위를 쟁취하였습니다. 복이(服餌) 방사파(方士派) 이론에 관하여는 대략 두 가지 이론과 세 가지 종류, 세 가지 순서가 있습니다.

(ㄱ) 복이와 단약의 두 가지 이론

① 그들은 사람의 몸이란 하나의 세균들의 세계로서, 사지백해, 오장육부는 온통 세균들의 생명활동으로 충만 되어 있다고 보았습니다. 그들은 원시적인 관념에서 이러한 세균들의 종류를 모두 벌레[蟲]라고 명명했습니다. 중국 고대에서 전해오는 의약 관념에서는 본래 사람의

몸을 상초(上), 중초(中), 하초(下) 이렇게 삼초(三焦)로 나누었습니다. 대략 머리 부분으로부터 폐 부분까지는 상초(上焦)가 되고, 위 부분으로부터 횡격막까지는 중초가 됩니다. 횡격막이하부터 신장 계통과 대장, 소장, 방광 등을 포함하여서는 하초가 됩니다. 이러한 삼초에 있는 모든 기생충들을 통틀어서 '삼시충(三尸蟲)'이라고 이름 지었습니다. 뿐만 아니라 또 삼시충의 종족에 대해서도 이름을 지어서 팽거(彭琚)·팽질(彭質)·팽교(彭矯)라고 불렀습니다. 훗날 도교는 비교적 좀 점잖게 그 것을 '삼시신(三尸神)'이라고 불렀습니다. 또 예를 들어 다음과 같이 불렀습니다. "상충(上蟲)은 뇌 속에서 살고, 중충(中蟲)은 명당(明堂: 눈썹과 눈의 중간)에서 산다 [上蟲居腦中, 中蟲居明堂]."

그래서 그들은 광물 약품을 단련하였는데, 예를 들어 수은(유화홍硫化汞), 비상(砒霜), 유황(硫磺) 등 오금팔석(五金八石)의 독약을 화학적인 제련을 거쳐서 단(丹)으로 응결시켜서 복용하고 신선이 되기를 구한 것도 바로 '삼팽(三彭)'을 죽이기 위한 살균 작용이었던 것입니다. 우리는 잠시 이러한 이론이 정확한지 않은지는 논하지 않겠습니다. 그러나 2천여 년 전 현대 과학이란 그림자도 아직 아에 없었던 시대에 공공연하게 이러한 의학 이론이 출현하였다니 여러분들은 그게 절대로 과학사상의 근거가 없다고 말할 수 있겠습니까?

② 단약을 복용하여 삼시충을 소멸시키는 관념이외에도 두 번째의 사상은, 바로 이 혈육 골격 계통의 오장육부는 외부 물리 작용, 즉 차가움[寒], 따뜻함[溫], 더위[暑], 습기[濕] 그리고 전염병의 침습과 같은 것들의 손해를 받아 병이 나기 쉬우므로, 만약 인체 생리의 모든 기능을

황금이나 백은과 같은 체질로 바꿀 수 있다면 당연히 오래 살수 있다고 보았던 것입니다. 그래서 그들은 광물 약물의 화학을 연구하여 강철을 황금으로 제련하여 만들었습니다(진한秦漢 시대의 이른바 황금은 대부분이 적동赤銅이고 진정한 천연 황금은 아주 적었기 때문에 화학제조를 해야 하였습니다. 이 때문에 중국의 연금술도 세계 과학사에서 가장 빨리 발명된 제련 기술이었고, 뒷날 아랍 사람들이 이리저리 유럽에까지 전해 주었습니다). 다시 어떤 천연 식물의 성분으로써 순정한[純淨] 황금을 액체로 변화시켜 조금씩 복용해가서 그것이 서서히 흡수되도록 하는데, 그렇게 오래 오래 하다보면 모든 생리기능을 전체적으로 황금 체질로 바꿀 수 있어서 당연히 장생불로하게 될 수 있다고 보았습니다. 이러한 사상은 얼마나 우스꽝스럽습니까? 하지만 정말로 우스꽝스러울까요? 그렇지 않습니다. 대체로 과학적인 발명은 모두 어린애의 장난 같이 보이는 환상에서 나옵니다. 우리가 아직 증거가 있기 이전에는 그 의심에 대해서는 유보적인 태도만을 지닐 수 있습니다. 하지만 당신은 반드시 말하기를, "황금을 먹으면 중독되지 않을까요?" 할 겁니다. 그럴 수 있습니다. 황금 중독 성분은 그리 심각하지 않습니다. 만약 황금을 액체화 하지 않으면 장(腸)과 위(胃)가 구멍이 뚫리는 상황이 언제나 빚어질 수 있습니다. 방사들은 황금 중독의 해독 약물을 구하기 위하여 일찍이 2천 여 년 전에 이미 몇 가지를 연구해 내었습니다. 그러나 어떤 것은 안타깝게도 이미 실전되었을 뿐입니다. 그리고 철을 단련하여 금을 이루는 방법은 후세까지도 전해져 왔습니다. 전하는 바에 의하면 오늘날 어떤 사람이 실험을 해 보았는데, 과연 제련해 낼 수 있다고 하였습니다. 그러나 오늘날 천연 황금이 매우 보편화 되어 있어서 이렇게 화학적으로 단련해낸 황금은 그 원가가 천연 황금보다 훨씬 비쌉니다. 그래서 쓸모가 없습니다.

이런 사실은 현대인들의 도가 수련 연구 보도에 관한 사실 자료에서 볼 수 있는데, 그냥 한 번 언급했을 뿐입니다. 우리가 이러한 도가 '방사' 학술 사상을 보기에는 대단히 우스꽝스럽기도 하고 재미있기도 하면서, 물론 사람들이 믿어지지 않을지도 모릅니다. 그러나 현대인들이 피를 깨끗하게 하는 등의 약물을 이용하여 사람의 수명을 만회하려는 이상(理想)은, 지금까지 아직 정식으로 실험하여 성공하기 이전이니 마찬가지로 의심할 필요가 있지 않겠습니까? 과학가의 정신은 환상이나 이상으로부터 이론의 근거를 찾고 난 다음, 이론을 가지고 실증을 추구합니다. 그러므로 우리는 이러한 도가 '방사'들이 장생불로의 이상을 추구한 것에 대해서 잠시 과학소설의 관념으로써 그것을 바라보고, 옳고 그름은 더하지 않는 것이 좋습니다.

여기서 얘기한 김에 한 가지 문제를 설명하겠습니다. 그것은 바로 우리들의 과거 역사상 많은 제왕들과 명인들, 예컨대 한(漢)·당(唐)·명(明)·청(淸) 시기 몇 분의 도술을 독실하게 믿고 단약을 복용했던 제왕이나, 한유(韓愈)·소동파(蘇東坡)·왕양명(王陽明)과 같은 유명한 사람들이 모두 노가 '방사'의 단약을 복용하고 빨리 죽도록 재촉한 사실입니다. 이것은 무슨 이유에서 일까요? 제가 여러분들에게 충고하건대, 현대의 기성 약을 미신하고 가능한 보약을 복용하고 오로지 자양제 주사약을 맞는 친구들은 마찬가지로 이 문제에 대해 상당히 주의해야 합니다. 방사들이 오금(五金), 팔석(八石) 등의 광물질 약품을 발명하고 단련했는데, 의약적인 가치 면에서나 사람의 신체적인 면에서 물리적인 치료 용도의 약제는 적당하게만 쓴다면 잘못도 없고 또한 아주 가치가 있습니다. 그러나 이러한 종류의 광물질로부터 제련해낸 약품은 모두 다 그 성질이 조급할 뿐만 아니라 생리와 생명의 기능을 강렬하게 휘발시키는 효과를 갖추고 있어서, 현대의 일부 부류의 여러 가지 비타민 등의 기성 약품과 마찬가지로 방법은 달라도 결과는 같은 묘함이 있습니다.

진정한 도가 '방사'들의 복용 방법에서 제일 첫 번째 중점은, 반드시 심리 행위상에서 청심과욕(淸心寡慾)을 철저하게 실천해야 한다는 것입니다. 남녀 성행위와 맛이 진하고 살찐 음식이나 동물성 육류가 풍부한 음식물 등을 먹고 싶어 하는 욕망에 대하여, 이미 그것을 탐하고 그리워하는 생각의 작용이 절대로 일어나지 않아야 비로소 복식을 시작할 수 있습니다. 그렇지 않으면 이러한 약물은 먹자마자 강렬하게 양기를 끌어올리는[壯陽] 작용을 하기 때문에 필연적으로 성적 기능의 충동을 촉진하기 마련입니다. 저 제왕들과 유명한 인사들이 음악과 마시고 즐기는 데에 종일토록 빠져서, 좋은 술과 미인들과 함께 뒹구는 부귀한 생활을 하는 사람에 대해서는 이게 목숨을 재촉하는 약재가 될 것임은 의심할 바가 없으니, 무슨 놀랄 만한 일입니까?

두 번째 중점은, 도가에서는 이런 종류의 단약의 복용 조건으로서 반드시 먼저 '신(神)이 응결되고 기(氣)가 모아진[神凝氣聚]' 단계까지 수련이 되어서 곡기를 끊고[辟穀] 인간 세상의 불로 익힌 음식들을 먹지 않을 정도가 되어야 비로소 흡수해서 융화시킬 수 있습니다. 그렇지 않으면 음식물 때문에 서로 역반응을 일으켜 중독되거나 약으로 인해서 병을 얻어 사망할 수 있습니다.

요컨대 일반적으로 단약을 복용하는 사람들이 식욕과 성욕을 끊지 못하고 오히려 반대로 단약의 효과에 의지하여 식욕과 성욕의 유희 요구에 도달하고 싶어 한다면, '신선되려고 약을 먹었다가 반대로 약 때문에 잘못된[服藥求神仙, 反被藥所誤]' 결과가 필연적입니다. 그래서 이런 뒤죽박죽된 장부를 '방사'라는 이름 아래에 일률적으로 기록해둘 필요는 없습니다. 그렇지 않습니까?

(ㄴ) 복이 단약의 세 종류에 관하여

전국시대이후에 진·한·위·진·남북조를 거쳐 수·당 시기 사이에 이르기까지 단도(丹道) 복이파의 종류는 대체적으로 세 가지로 나눌 수 있습니다. 즉, 후세 도가에서 말하는 천원단(天元丹), 지원단(地元丹), 인원단(人元丹) 세 가지입니다.

① 천원단에는 대략 두 가지가 있습니다. 하나는 천연 광물로써 만들어진 단(丹)을 가리키는데, 오금, 팔석 등 천연 화학 약품 같은 것입니다. 또 하나는 자기가 힘들게 수고하여 단련할 필요가 없이 이미 단(丹)을 연마하고 도를 얻은 사람이 베풀어주는 것을 받는 것입니다.

② 지원단은 식물성 약재를 채용하여 연구하고 제련하여 단(丹)을 이룬 일종만을 가리키는 것으로 진·한 이후의 중국 약물학의 발전과 지원단 수련을 중시한 도가와 사실 불가분의 관계가 있습니다. 예컨대 민간에서 전해오는 먹으면 신선을 이룬다는 영지초(靈芝草)나 하수오(何首烏) 등의 이야기는 지원단 사상에서 유래된 것입니다. 도가의 영지초에 대한 연구는 전문 서적이 있습니다. 그 안에는 영지의 종류와 광물화석, 동물화석의 영지 등등이 포함되어 있는데, 대부분은 예전에 보지 못했던 것이고 듣지 못했던 것입니다. 우리가 보통 대만에서 채취하는

야생 영지는 신선이 연단하는 일종이 아닙니다. 그런 것은 균류에 속하는 영지로서 어떤 것은 독이 있습니다. 설사 독이 없는 종류라도 조금만 먹어도 사람으로 하여금 환상을 일으키게 할 수 있으며 많이 먹으면 사람에게 정신분열이 일어나거나 혹은 중독될 수 있으니, 아무 까닭 없이 미신하여 신선이 되서 죽어버려 후회막급이 되지 않도록 절대로 복용하지 말기 바랍니다.

③ 인원단은 대략 두 종류가 있습니다.

㉠ 세속을 버리고 청정하게 닦으면서 정신을 기르고 기(氣)를 먹으며 욕망과 번거로움을 버려서 심신을 함양함으로써 청정무위(淸靜無爲)에 도달하게 하고 허극정독(虛極靜篤)[27]의 경계에 도달하는 것을 가리킵니다. 지극한 적정(寂靜)의 작용을 이용하여 쌓이기만을 추구하고 흩어지게 하는 어떠한 것도 하지 않는 성과로써 자신의 생명의 잠재적인 에너지를 불러일으키는 것입니다. 예컨대 일반적으로 말하는 임맥과 독맥의 두 맥과 기경팔맥을 통하게 한 다음에 '신(神)이 응결되고 기(氣)가 모이는' 경계에 도달하고 생명이 갖추고 있는 위대한 기능을 발휘하면서 다시 자유자재하게 새로운 생명을 만들어 내는 것입니다. 즉, 후세 도가가 말하는 청수파(淸修派)나 혹은 단수파(單修派)라고 하는 일종의 효과입니다.

㉡ 고대의 방중술 이론을 기초로 해서 성(性) 심리와 성 생리의 작용을 연구하여, 남녀 양성의 내분비(호르몬)에 생명을 연속시키는 기능이 갖추어져 있다고 보고, 정상적인 부부 성생활 속에서 어지럽지 않고 욕망을 마음대로 방종하지 않음으로써 정신을 승화시키고 수명을 연장하

---

27) 허(虛)의 극점과 정(靜)의 전일.

는 효과에 도달하는 것입니다. 이것은 후세 도가가 말하는 남녀쌍수파(男女雙修派)인데 방중(房中)에서 '장생구시(長生久視)'하고 '내시련정(內視煉精)'하는 일종에 속합니다. 그들의 내분비에 대한 연구는 세계 의약사 상 가장 일찍 발견된 것 일겁니다. 그러나 이 파의 폐단이 파급되어 온갖 해로움이 무더기로 나타났습니다. 예컨대 보통 말하는 채보술(採補術: 채음보양採陰補陽, 혹은 채양보음採陽補陰)과, 과거 방문좌도 속의 자하거(紫河車: 애기집)를 채취하고 단연(丹鉛: 어린이들의 혈액을 먹는 것)를 복약함으로써, 천리를 해치는 많은 일들을 일으켰는데, 윤리와 도덕을 위반했을 뿐만 아니라 심지어는 형법을 위반하고 대역부도(大逆不道)하였습니다. 중국 민간 사회에서는 많은 무지한 사람들이 보이지 않는 가운데 상당히 보편적으로 이러한 방문좌도의 도술을 믿습니다. 이런 지식들은, 이미 벌써 현대 의학적으로 과학적인 정리를 거쳐서 호르몬이나 비타민 등과 같은 많은 약물들이 나와 있어, 그런 원시적이면서도 실재에 부합하지 않는 이상(理想)을 뛰어넘었으니 더 이상 미신해서는 안 된다는 것을 전혀 모르고 있습니다.

(ㄷ) 단약 복식의 세 단계

전국 시기의 도가 정통 방사들은 복이의 단도 종사자에 속했을 것입니다. 그들은 전문적으로 오금·팔석·소연(燒鉛)·연홍(煉汞: 화련연화홍化煉硫化汞, 기화홍氧化汞 등)을 단련한 약물 화학의 발명자였으며, 또한 단방(單方) 의약의 효과를 이룬 창시자들이었습니다. 그들은 물리 과학의 이상 면에서 이론이 있었으며 실험적인 성과들도 있었습니다.

후세 도가에서 심신의 정기신(精氣神)을 수련하는 것을 연단(煉丹)이라고 했는데, 그것은 인원단(人元丹)의 내양(內養) 방법의 변천을 취해 주체로 삼은 것입니다. 이것은 중국 특유의 양생학 상의 특별한 성과인데 이후에 다시 설명 드리겠습니다. 하지만 전문적으로 정기신의 내단(內丹) 수련을 하면서 도가 의학의 원리와 도가 약물 지식을 모르면, 단도에 있으면서 단도를 말함은 결함이 있는 것입니다. 단도의 입장에서 말하자면 단약 복용에는 대략 세 가지 단계가 있습니다.

첫 번째 단계는 지원단을 복용하는 것인데, 양생 수련의 예비 작업입니다. 이른바 그 근골을 강하고 튼튼하게 하며 그 심신을 건전하게 하는 것인데, 설사 보통사람이더라도 복용함으로써 보건을 추구할 수 있습니다. 이로부터 발전하여 후세 중국인이 중시하는 음식물 치료[藥膳] 풍속이 되었습니다. 예컨대 겨울에 보양 식품으로 선식(膳食) 양생하는 습관은 모두 지원단 사상에 그 연원이 있습니다.

두 번째 단계는 인원단을 수련하는 것인데, 기질을 변화시킴으로써 도가의 '신이 응결되고 기가 모아짐'의 표준, 예컨대 『장자(莊子)』가 다음과 같이 말한 경계에 도달하는 것입니다.

높은 곳에 올라가도 두렵지 않고 물속에 들어가도 젖지 않으며 불속에 들어가도 뜨겁지 않다 [登高不慄, 入水不濡, 入火不熱].

잠을 자도 꿈꾸지 않고, 깨어 있어도 근심이 없으며, 식사를 해도 맛을 가리지 않고, 호흡은 깊고 깊었다 [其寢不夢, 其覺無憂, 其食不甘, 其息深深].

이러한 경계에 이르렀어야 벽곡(辟穀)하여 먹지 않을 수 있으며 밤낮으로 자지 않더라도 한 결 같습니다. 바로 『장자』가 다음과 같이 말한 그대로입니다.

삶을 기뻐할 줄 모르고, 죽음을 싫어할 줄 몰랐다. 세상에 나아가도 기뻐하지 않았고, 세상에서 물러나도 외부와 격리감이 없었다. 유연히 가고 유연히 올 뿐이었다. 모든 작위(作爲)에 있어서는 그 최초의 동기를 잊지 않고, 그 최종적인 결과를 추구하지 않았다. 모든 것을 받아들여 기쁘게 여기고, 본래 있는 생명의 근원을 잊어버렸다가 이를 다시 회복하였다. 이를 일러 '마음으로 애써 도를 구하지 않고, 인위적인 방법으로 자신의 천기를 돕지 않는다'고 한다. 이를 일러 진인이라고 한다.
不知說(悅)生, 不知惡死, 其出不訢, 其入不距, 脩然而往, 脩然而來而已矣. 不忘其所始, 不忘其所終, 受而喜之, 忘而復之, 是之謂不以心捐道, 不以人助天.

그런 다음에야 비로소 천원단을 복용할 수 있습니다. 이게 바로 방사 단도파의 복이 수련 과정입니다. 그러나 안타깝게도 예로부터 지금까지 단도의 진정한 의미를 모르는 몇몇 사람들이 그 궁극을 모르고 장생불로를 추구하고 하였기 때문에 오히려 수명을 단축하고 요절하여 천수를 즐겁게 마칠 수 없었으니 어찌 크나큰 잘못으로 그런 게 아니겠습니까?

(라) 사도파의 수련

'방사'의 신선수련 학술사상에 관하여는 앞에서 매우 간단명료하게 소개하였습니다. 사도파(祀禱派) 신선 수련의 방술은 줄곧 그것을 방사와 또 같이 취급해왔는데, 이는 크나 큰 오해입니다. 진정한 '방사'의 신선수련 학술 사상은 과학에서부터 철학에 이르는 이론을 근거로 삼습니다. 사도파의 학술 사상은 온통 종교적인 신앙에 바탕을 두고 정신과 영혼의 학문적 범위에 속합니다. 즉, 한(漢)대 이후 도교의 중심사상으로 형성되었습니다. 사도(祀禱)에 대해서 얘기하자면 반드시 위로 거슬러 올라가서 하은주(夏殷周) 삼대(三代) 문화의 전통인 제사 사상에서 온 것이며, 다시 그 위로 거슬러 올라가서 황제(黃帝) 전후 시대의 상고 민족과 함께 전해져 내려온 무축(巫祝)―의학상에서 정신치료에 사용했던 축유과(祝由科)의 연원에까지 귀착해야 됩니다. 『서경(書經)』 학계의 문화 전통에서 『예기(禮記)』 중심의 제례(祭禮)사상에 이르기까지의 근거로 보면, 우리들의 조상은 삼대 시대 이상의 종교적인 사상과 정서가, 세계 각계 민족의 기원도 꼭 그러하듯이, 모두 범신(泛神) 사상과 서물(庶物)숭배 등의 관념으로부터 왔고, 그런 다음 점점 탈바꿈하여 일신론(一神論)의 종교 권위로 형성된 것임을 이해할 수 있습니다. 우리의 조상도 세계 각 민족 문화의 기원처럼 먼저 유사종교 신앙으로부터 시작하였지만 시종일관 일신(一神) 권위론적 노선으로 걸어가지 않았습니다. 게다가 가장 큰 특징은 처음부터 끝까지 천(天)·신(神)·인(人) 세 가지를, 도덕 선악의 입장에서 영원히 평등하여 하나와 같다[平等如一]고 보는 것입니다. 뿐만 아니라 조상을 숭배하고 공경하는 제사 정신과,

천지신명과, 산천귀신에게 제사하는 의식이 서로 간에 통용되었습니다. 특히 주(周)나라 시대의 문화는 삼대 문화사상의 정수(精粹)를 형성 융회하여 갖가지 크고 작은 제사의 규범을 세우고 통틀어 조상 제사를 중심으로 삼았습니다. 그래서 우리는 후세에 이미 돌아가신 조상과 부모의 위패에 대하여 한 결 같이 신주(神主)라고 불렀습니다. 이로부터 '효도로써 천하를 통치한다 [孝道治天下].'는 전통문화 정신을 세웠는데, 이것은 세계 각 민족의 문화가 모두 상고 종교사상학에서 발원한 것과는 크게 다른 점입니다. 절대 다른 문화의 규격으로써 멋대로 중국 문화의 머리위에 덧씌우지 말기 바랍니다. 그렇게 하면 '장 씨의 갓을 이씨가 쓰는[張冠李戴]' 격이 되어서 절대로 우리 문화의 본래 모습이 아닙니다.

상고의 천지신명과 산천귀신에게 드리는 제사가 변천하여 당요(唐堯)·우순(虞舜)·하우(夏禹)시기에 이르러서는, 선민(先民)들의 사상을 계승하여 산천의 신령에게의 '봉선(封禪)'을, 국가 민족의 치국평천하(治國平天下) 정치의 상징적인 큰 행사로 삼았습니다. 하지만 '봉선'의 진정한 정신은 여전히 인문 문화를 본위로 삼는 것을 의미한다는 것을 여러분들은 잊지 말기 바랍니다. 왜일까요? 산천에 있는 신들이 비록 위대하고 숭고하지만 인간 세계의 제왕이 온 백성의 의지를 이끌고 가서 그를 존경하고 숭배하지 않는다면, 즉 봉선하지 않는다면, 그것은 한 무더기의 산과 물과 땅에 불과할 따름이지, 성스러움(聖)은 어디로부터 오고 신령스러움(靈)은 어디로부터 일어나겠습니까 [聖從何來, 靈從何起]? 모두들 알 듯이 봉선 사상은 중국 상고 문화사상에서 종교적 관념과 의식이나 다름없습니다. 하지만 모두들 그것의 내재적 정신은 오히려 인문 사상의 진정한 의의를 끌어올리는 데 있다는 것을 모두 잊어버렸습니다. 당·송 이후 유가 사상이 찬양한 대인군자(大人君子)인 성현(聖賢)과, 원·명 사이의 민간 소설인 『봉신연의(封神演義)』는 모두 이 정신으로부터 나온 것입니다. 진시황과 한무제가 봉선을 가지고 논 것으로부터 시작하여 이러한 전통에서 온 봉선 정신은 크게 변질되어버려 완전히 옛날 제도에 부합하지 않게 되었습니다. 그들은 제왕 권력의 득의양양과 만족을 표현하고 사방으로 순수(巡狩)한다고 핑계대고 힘으로 권위를 과시하는 의식(意識)이외에도, 사실은 당시 한 무리의 사도파의 도사들에게 확실히 그들의 심리상의 약점이 이용당해서, '장생불사(長生不死)'를 망령되게 구하고 '멀리 날아가 신선이 되려는[登遐成仙]' 망상을 하고, 도가의 전설인 황제가 용을 타고 상천했다는 그러한 지나친 욕망을 이루고자 했습니다. 그리하여 진시황과 한무제의 희극적인 봉선이 한 페이지의 역사에 기록되어 있습니다. 이 일파의 '도사' 방술은 온통 정신과 영혼의 작용을 중시하고, 약물을 이용하며, 주문과 부적을 결합시키고, 이를 빌려 심리 의지의 통일을 단련하였습니다. 그리하여 심령의 찌릿한 영감 기능을 일으키고 귀신같은 환술을 연출하여 야심가인 진시황과 한무제 같은 이들의 신앙을 취하여서, 그들로 하여금 약을 구하고 신선을 추구하게 하고 봉선으로써 도움을 부르는 호쾌한 행동을 하게 하였습니다. 그들은 이러한 가운데에서 수단을 피워 사적인 호주머니를 채울 수 있었습니다. 예를 들어 이소옹(李少翁)의 초혼(招魂), 난대(欒大) 등 사람이 귀신으로 분장한 환술 같은 것들 등 한 두 가지가 아니었습니다. 그 폐단의 재앙으로 한(漢) 나라 궁정의 '무고대안(巫蠱大案)'28)은 바로 당연한 결과의 본보기였습니다. 뒷날 역사가들은 한

무리의 '도사(道士)'나 '술사(術士)'라는 뒤죽박죽된 장부를 일률적으로 '방사'라는 이름 아래에 기록하였는데, 이것은 진·한 이래의 진정한

---

28) 무고(巫蠱) 또는 고독(蠱毒)은 고대 동양에서 사용된 주술이다. 그 성질이 저주이고 또한 과정이 잔혹잔인하기에 동양 주술 중 가장 사악한 것으로 취급된다. 저주행위 자체를 무고라 일컫기도 하지만(예: 무고의 화, 무고의 옥), 여기서는 협의의 의미로 한정하여 서술한다.

《의학강목》(医学綱目) 권제25에 따르면, 뱀, 지네, 그리마, 두꺼비 등 유독 동물들을 잔뜩 모아 한 항아리에 집어넣는다. 그러면 자연히 동물들끼리 싸움이 일어나는데, 배틀로얄식으로 마지막 한 마리가 남을 때까지 내버려 둔다. 이리하여 최후에 살아남은 동물의 독을 채취하여 음식물에 섞어 사람에게 해를 가하는 등의 행위를 한다. 독에 노출되었을 때의 증상은 다양하지만 일정 기간이 지나면 피해자는 대개 죽는다 라고 되어 있다.

고대 중국에서 널리 사용되었다 한다. 얼마나 옛날부터 사용되었는지는 확실하지 않지만 은·주 시대의 갑골문에서 고독의 흔적을 읽는 학자도 있다. 확실히 확인할 수 있는 것 중 가장 이른 기록은 《수서》〈지리지〉이다. 여기 보면 "5월 5일에 백 종의 벌레를 모아 큰 것은 뱀, 작은 것은 이와 함께 그릇 안에 함께 두고 서로 싸우게 만들어 최후에 남은 것을 이용한다. 뱀을 사용하면 사고(蛇蠱), 이를 사용하면 슬고(虱蠱)라 한다. 이 짓거리는 사람을 죽인다"라고 되어 있다.

대대로 중국의 법령에서는 무고를 만들어 사람을 죽이거나 이를 교사했을 경우 사형에 처하는 취지의 규정이 존재한다. 수나라 때인 개황 8년(588년) 묘귀(猫鬼)·고독(蠱毒)·염매(魘魅)·야도(野道)를 모두 금하였다. 《당률소의》 권제18에서는 교수형, 《대명률》 권제19와 《대청률례》 권제30에서는 침형에 처한다고 되어 있다.

일본에서도 염매와 함께 최악의 주술로 간주하여 "고독염매(蠱毒厭魅)"라 묶어 칭하면서 두려워했고, 《요로 율령》 중 〈적도률(賊盜律)〉에 올라와 있는 바와 같이 범죄로 취급, 엄격히 금지하였다. 769년 후와 내친왕이 고독술의 피해자가 되어 그 가해자들을 유배되었고, 772년 이노에 내친왕이 고독을 행한 죄로 폐서인되었다고 《속일본기》에 기록되어 있다. 헤이안 시대 이후에도 종종 조서를 내려 금지하였다.

한국에서는 이익이 《성호사설》에서 "염매는 고독과 같은 죄로 동등한 처벌을 가하며 사면령의 대상이 되지도 않는다. 근자에는 이런 일이 있다는 소식이 없으니 법이 준엄하기 때문이리라. [중략] 고독이란 술법 또한 염매와 마찬가지이다. 우리나라 서쪽 지방 백성들 중 이를 업으로 삼는 자들이 있었으나 근자에는 모두 없어졌다"라고 논하였다.(인터넷 위키백과사전에서 전재함)

방사들의 입장에서는 크게 불만이 있을 것 같습니다. 여기서 덧붙여서 한 마디를 설명하면, 중국 문화 학술 사상 속에서 정신학, 영혼학, 심령 작용 등의 원시적인 형태는 일찍이 춘추전국 시대 이전에 이미 보편적으로 널리 유행했다는 것입니다. 『논어』에서 공자가 말한, '아아! 태산이 임방만 못하단 말인가 [曾謂泰山不如林放乎]?' 라는 구절을 읽어본 적이 있다면 공자의 봉선에 대한 감상을 알 수 있으며, 왕손가(王孫賈)가 물었다. "방 아랫목 신(神)에게 아첨하느니보다는 부엌 신(神)에게 아첨하는 것이 좋다고 한 것은 무슨 뜻입니까? 공자께서 말씀하셨다. "그렇지 않소. 하늘에 죄를 지으면 빌 곳도 없게 되오 [王孫賈問曰 "與其媚于奧 寧媚于竈 何謂也？ 子曰 "不然 獲罪於天 無所禱也]." 등등의 구절이 있는데, 고대의 가신(家神), 조왕신[竈神] 숭배 습관이 그 유래가 오래되었음을 알 수 있습니다.

진시황은 봉선을 중시했습니다. 한무제는 봉선이외에도 조왕신에게 예배하기를 더욱 좋아했고 아울러 또 강신(降神)의 법어(法語)를 믿었습니다. 이게 바로 후세에 지금까지 전해 내려오는 부계(扶乩), 부란(扶鸞) 등 (이런 여러 가지 방법들은 다릅니다) 방문좌도로서 영혼 존재를 믿는 전통이었습니다. 우리는 보통 함부로 입을 열어 다른 사람을 미신이라고 비판하는데, 사실 진정으로 가장 미신하는 사람은 어리석은 보통 사람들이 아니라 실제로는 지식이 높은 사람일수록 미신합니다. 뿐만 아니라 남을 미신한다고 비판하는 사람의 심리가 바로 미신 구덩이 속에 있는 것입니다. 이것은 하나의 대단히 재미있고 깊이가 있는 심리 문제인데 장래에 다시 말씀드리겠습니다. 그런데 위로는 제왕에서부터 아래로는 하층 백성에 이르기까지 모두들 미신적인 신화를 듣고 믿기를 원하는데, 이는 무슨 까닭일까요? 인류의 지식으로는 시종 우주 인생의 수수께끼의 해답을 풀 수가 없기 때문입니다. 그래서 사도파의 도사들은 바로 이러한 심리의 틈새에서 풍파를 일으켜 이용할 가치를 발생시켜 사람을 농락하는 수법을 다 부렸습니다. 이제 우리가 사마천이 『봉선서(封禪書)』에 기록한, 한무제가 신화를 믿었던 미신 현상을 예로 들어보면, 동서고금의 한결같은 희극을 분명히 볼 수 있기에 충분합니다. 그 기록은 다음과 같습니다. "신군(神君)이 하는 말을 받아 적게 하였는데, 이것을 서법(書法)이라고 하였다. 그들이 한 말은 일반 사람들도 이해할 수 있는 것으로, 특별히 심오한 내용은 없었지만 천자는 이를 보며 혼자 즐거워하였다 [神君所言 , 上使人受之, 書其言, 命之曰書法. 其所語 : 世俗之所知也, 無絶殊者, 而天子心獨喜]."

그래서 신선파의 오리(五利) 장군이 '행장을 준비하고서 나와 동해로 가서 그의 선사(仙師)를 만나겠다 [裝治行, 東入海, 求其師云]'고 했습니다. 공손경(公孫卿)이 아뢰기를 "신선은 누대에 살기를 좋아할 것입니다 [神仙好樓居]"라고 말해서 토목공사를 크게 일으켰습니다. 그런데 진시황이 행했던 이와 같은 이야기들은 더 많습니다. 진시황이나 한무제는 제 일류의 총명한 인물들이 아닌가요? 이러한 짓거리나 생각은 제 일류로 어리석지 않습니까? 지극히 총명하기 때문에 이러한 바보 멍청이 짓이 있을 수 있으며, 바보가 아닌 사람이 꼭 이처럼 총명한 것은 아닙니다. 이것은 또 하나의 철학 상의 중요한 과제인데, 여기서는 자세히 얘기할 필요가 없겠습니다.

그러나 사도파의 사상은 모두 거짓말일까요? 그렇지 않습니다. 진정한 사도파의 연원은 위에서 말했듯이 사실은 하은주 삼대 이상의 제사

정신을 계승한 것 이외에도, 그 내용도 그 나름의 학술 원류가 있을 뿐만 아니라 많은 학술적 가치를 간직하고 있습니다. 예컨대 사람이 죽으면 모두 제사를 지내고 일어나 기도할 줄 아는데, 이는 전 세계의 고금을 막론하고 모든 종교가 공동으로 행하는 의식입니다. 만약 전 인류의 원시 상고 문화 사상의 연원을 연구하고자 한다면, 도사 사도파의 연원으로 거슬러 올라감에 대해서 가볍게 넘어가서는 안 됩니다. 그리고 그것을 인류의 원시적 미신으로만 여겨볼 수만도 없습니다. 왜냐하면 경건한 제사와 기도는 때로는 심령적인 감응을 발생시킬 수 있으며 사물의 반응에 대해서 엄연히 신의 도움이 있는 것과 같은 효과가 도달하는 경우가 확실히 있기 때문입니다. 물론 여기서 말하는 어떤 경우란 의미는 정신 의지가 절대적으로 통일되어 지극히 경건한 상황에 도달했을 때를 가리킵니다. 이러한 작용과 효과는 바로, 인류가 정신의 기능·심령의 현묘함·영혼의 오묘함, 이 세 가지 기본 학문에 대해 시종 그 답을 아직 풀어내지 못한 수수께끼이기도 합니다. 상고의 무축(巫祝), 그리고 황제(黃帝) 시대에서부터 전해져 내려오는 축유과(祝由科), 이러한 오묘한 학문에서 그들은 그 기초를 세웠습니다. 뒷날 비록 변천하여 종교적인 의식이 되었지만 그 기본에 있어서는 여전히 정신 생명의 심령 작용과 영혼의 관계에서 온 것입니다. 우리가 만약 미신이라는 외피를 벗겨버리고, 그것으로 사람을 속이는 것이 아니라 과학적인 정신으로 연구하면 그것이 인류 문화의 일대 공헌이 되리라고 말하지 않을 수 있겠습니까? 만약 우리가 정말로 정신의 기능과 오묘함을 연구 발명하여 영혼의 존재를 증명한다면, 그것이 오늘날 세계 인류의 사상이 기울어져 있는 유물(唯物) 관념을 공격하지 않더라도 스스로 무너질 뿐만 아니라 종교 · 철학 · 과학 문명에 대해서도 뒤따라 새로운 변화가 있을 것입니다. 그 다음은 도사들이 정신을 통일하는 데 이용하고 제사에 이용했던 주문을 쌍스럽고 저속하여 교양이 없는 것으로 여기고 읽을 만 한 것이 못된 다고 생각하지만, 정신 작용은 밀쳐두고 말하지 않기로 하고, 고대 방언과 고대 민속의 속어를 연구하고자 한다면 그에 유의해서 발굴해내지 않을 수 없으며 제공하기에 충분합니다. 부적 그리기 용도의 부록(符籙)은 동한(東漢)시기 장도릉(張道陵)의 오두미도(五斗米道) 이후에 분파들이 많아졌고 부록의 양식도 통일되지 않았습니다. 예를 들어 원(元) · 명(明)이후 신주파(辰州派)의 부적과 주문 등등은 보기에 정말 귀신이 그린 도부(桃符)29)가 아이들 장난 같은 느낌이 드는데, 여러분이 상고 문자의 다른 기원을 연구하고자 한다면, 예를 들어 과두문(蝌蚪文) 등, 내지는 인도 산스크리트 문자와 중국 부록의 관계나, 당(唐) · 송(宋) 이후의 도교 자체에서 창제하였던 문자의 사상을 연구하고자 한다면 신중하지 않을 수 없습니다. 요컨대 사도파 도사들이 제사나 기도하는 예절 의식, 부적 그리고 쓰기, 주문 염송문등의 방법들에서 그들의 주요 정신은 방사 수련파의 양신론자와 양기론자의 작용과 합일 되어야만 비로소 영험이 있습니다. 바꾸어 말하면 부적을 그리거나 쓸 때와 주문을 염송할 때, 자신의 몸과 나라는 생각을 잊은[忘身忘我] 정신 통일의 경계에 도달하지 못하고 '신(神)이 응결되고 기(氣)가 모아진' 정도까지 수련하지 못하며, '기(氣)가 열려 트이고 몸이 단련된[闢氣煉形]' 상황에까지 이르지 못한다면, 이는 민간 속담에서 "부적을 그릴 줄 모르면 귀신에게 조롱당한다 [不會畵符, 爲鬼所笑!]"는 말과 같습니다. 그

---

29) 중국에서 설날 아침 같은 때에, 마귀를 쫓기 위하여 문짝에 붙이던 작은 나뭇조각. 복사나무로 만들며 길하고 상서로운 문자를 적었다.

러므로 진(晉) 시대의 도가인 갈홍(葛洪)은 그의 저작인 『포박자(抱朴子)』에서 부록 수련의 요점을 이야기 하면서 기(氣) 수련이 중요함을 특별하게 제시하였습니다. 이 때문에 사도파의 방법은 여전히 '방사' 학술 범위에 속하며 그 유래도 오래되었습니다.

한(漢)·위(魏) 이후의 신선 단도파

『선여도개론(禪與道槪論)』 제 6장에서 발췌

　　도가와 방사, 방사와 신선, 이 세 개의 명칭 아래의 유형 인물들과 그 학술사상의 내용과 연원은 전국시대에서부터 진(秦)·한(漢) 시대 사이에 이르기까지 실재로는 모두들 서로 공용하였습니다. 한(漢), 위(魏) 시대부터 시작하여 1천여 년 동안 이어져 지금에 이르기까지 방사라는 명칭은 이미 과거가 되어버렸고 오직 도가와 신선만이 서로 분가할 수 없는 혼합 관념이 되었습니다. 그런데 한·위 이후에 도가 신선 학술은 이미 진·한 시대 이상의 면목이 절대로 아닙니다. 이 1천여 년 동안 내려온 도기 신선은 실제는 난노파의 천하였습니다. 단도(丹道)란 정(精)·기(氣)·신(神) 수련을 위주로 하는 내단(內丹) 방법으로써 해탈에 도달하여 신선이 되는 것을 최고 목적으로 삼습니다. 신선의 종류에 관하여는 송(宋)·원(元) 이후부터 귀납하여 대략 다섯 가지가 있습니다. ① 대라금선(大羅金仙, 신선神仙), ② 천선(天仙), ③ 지선(地仙), ④ 인선(人仙), ⑤ 귀선(鬼仙)입니다.

　　초보적인 수련으로 죽은 뒤에 정령(精靈)이 소멸되지 않는 단계에 이르면 귀도(鬼道)세계에서 오랫동안 통령(通靈)하면서 존재할 수 있는데,

이게 바로 귀선(鬼仙)이 이룩한 성취 결과입니다.

수련해서 병을 없애고 수명을 연장하며 재난이나 근심이 없고 고령 장수에 이르는 것이 바로 사람들 중의 인선(人仙)의 성과입니다.

그 이상을 지나서, 만약 곡식을 먹지 않고, 기(氣)를 먹으며 걷는 것이 달리는 말처럼 빠르고, 조금의 신령하고 기이한 기적을 갖추고 또 부분적으로 물리세계의 각종 현상으로 영향 받지 않을 수 있게 된 것으로, 예컨대 추위와 더위가 침범하지 못한다든지 물이나 불을 두려워하지 않게 된, 그러한 경지가 지선(地仙)의 성과입니다.

그로부터 다시 향상 진보해서, 허공을 날라서 자취가 끊기고 수명이 끝이 없는 데 머무르며 갖가지 신통을 갖추고 있는 것으로, 예컨대 『장자』, 『열자』의 우언(寓言)에서 말하는, 그러한 경계 같은 것이 비로소 천선(天仙)의 성과라고 할 수 있습니다.

최고로 수련이 도달하여 형체와 정신이 함께 오묘하고, 세간의 생사의 구속을 받지 않고 해탈하여 아무런 속박이 없어서, 언제 어디서나 흩어져서는 기(炁)가 되고 다시 모아서는 형체를 이룰 수 있으며, 천상이나 인간 세계에 자기 뜻대로 기거할 수 있는 것이 바로 대라금선(大羅金仙)인데, 이른바 신선의 궁극적인 과위입니다.

이런 갖가지 일들이 실제로 있을까요 없을까요? 또는 이런 가능성이 있을까요 없을까요? 우리는 지금 증명할 길이 없으니, 잠시 토론하지 않겠습니다. 그러나 특별히 주의할 점이 하나 있습니다, 중국 문화 속에서 유가의 인륜 도덕, 교육 수양에 관한 최고의 기준은 일개 보통 평범한 사람의 인격을, 보통사람과는 판이하게 다른 성현의 경계까지 끌어 올리는 것인데, 이것만도 충분히 위대하다고 할 수 있습니다. 그리고 또 다른 면에서 도가의 학술은 우주 물리의 연구와 생리적인 생명 기능의 이론을 세워 인생의 기준을 더욱 더 높였습니다. 도가는 보기를, 한 인간이 보통의 어리석은 지아비나 아녀자의 지위에서부터 수련하여 초인(超人)으로까지 승화함으로써 인간의 가치를 높여, 현실 세계의 이상을 초월하고 우주 물리의 기능을 장악하여 시간과 공간의 대립의 속박을 벗어날 수 있다고 보았습니다. 뿐만 아니라 서기 1천 여 년 전에 벌써, 16~17세기 이후의 과학 관념이 조금도 없었음에도 불구하고, 그들 자신들의 독립적인 한 체계의 과학 관점을 낳을 수 있었습니다. 그것이 환상이든 사실이든 세상을 속이는 황당무계한 이야기이든 실험적인 경험담이든 간에, 모두 다 우리가 눈을 휘둥그레 뜨고 유의하여 연구할 가치가 있는 것들입니다.

(1) 단경(丹經) 비조의 저자 위백양

진한(秦漢)시대 이래로 신선 단도 수련 학술사상을 창시한 사람으로는, 비교적 입증할 수 있는 근거가 있으니 당연히 동한(東漢) 말년의 위백양(魏伯陽)을 첫손으로 꼽아야 합니다. 즉, 후세 도가가 위진인(魏眞人)·화룡진인(火龍眞人)이라고 존칭한 그 사람입니다. 위백양의 확실한 일생과 그의 정확한 생존 연대에 관하여는 시종 여전히 문화사적으로 하나의 큰 수수께끼입니다. 그러나 그는 동한 시기의 사람이라는 것이 아마 틀리지 않을 것입니다. 그는, 축도파(祝禱派)로서 부록(符籙) 도술로 집안을 일떠세우고 도교의 선하를 열었던 장도릉(張道陵) 보다는 빠른 시기였을 것이라는 것만은 비교적 신뢰할 수 있습니다. 다들 알 듯이 동한 시기의 문화는 유가사상의 쇠퇴 시기로서 모든 학술이 이미 점점 몰락해가고 있는 추세였습니다. 하지만 우리가 잊지 말아야할 점은, 그것이 이론 물리 과학과 이론 천문학 상으로는 도리어 큰 성취가 있었지만, 단지 후세의 과학 교양이 부족한 일반 사람들이 그것을 모조리 쓸모없는 학문으로서의 '상수(象數)'라는 공문서 속에 포함시켜버렸다는 것입니다. 사실은 무엇이 '상수'이며, '상수'학 중의 진정한 의의는 도대체 어떤 것들을 포함하고 있는지에 대하여, 아마 일반인은 남이 하는 대로 말하며 비평한 것 말고는 자기가 전혀 공부를 잘하며 연구해보지 않고, 문외한의 눈으로 하나의 매우 깊은 전문적인 사항을 비평했을 텐데, 이는 정말 얼마나 억울한 일입니까! 동한 말기는 도가와 도교사적으로 획기적인 두 인물이 나왔는데, 하나는 위백양이고 다른 하나는 장도릉이었습니다. 위백양은 상고 전통문화 속의 은사정신—신선을 대표합니다. 장도릉은 한나라 시대 이후에 도술 전통의 대대로 내려오는 계통[世系]을 구성하였으며 송(宋)·원(元) 시대에 이른 뒤로는 줄곧 강서(江西) 용호산(龍虎山) 정을파(正乙波) 장천사(張天師)의 세가(世家)가 되었습니다. 그는 산동(山東)의 공자(孔子) 세가와 함께 나란히 진술되고 있습니다. 중국문화 역사상 학술 사상으로써 1,2천 년 세가의 계통을 이룩할 수 있기로는, 오직 유가의 공자와 도가의 장천사만이 있다는 게 어찌 세계문화사 상의 기적이 아니겠습니까? 이것 역시 중화민족이 문화학술사상을 얼마나 존중하는지 그 정신을 설명해주는 것인데, 그는 문화의 왕국에서 성현(聖賢)·신선(神仙)·고사(高士)·처사(處士)·은일(隱逸) 등등의 그 지극히 아름다운 봉호(封號)를 자유롭게 줄 수 있고,

게다가 고금을 불문하고 모두 한 몫의 존경 숭배 예우를 받을 수 있습니다. 하지만 위백양이 걸어간 것은 은사 노선이었으며, 결과적으로 오직 사람들에게 '마지막 행방을 모른다'는 의심 추측만을 주었을 뿐입니다. 그가 후인들에게 증여한 유일한 선물은 바로 그의 한 부의 천고의 명저『참동계(參同契)』란 책이었습니다. 그의 이 저작은 확실히 온갖 지혜를 다 짜낸 것입니다. 어떤 사람이 그 필생의 정력을 다하여 갖가지 방면으로부터 연구하고 더듬어 찾아보았지만 여전히 조금도 두서가 없었습니다. 송대 이학 대학자 주희(朱熹)는 그의 일생 동안 이 책에 대한 연구는 실패했다고 스스로 인정했습니다. 하지만 그는 이를 애호하였음에도 '겉은 유가요 속은 도가'라는 혐의를 피하기 위하여 이름을 '공동(崆峒) 도사 추흔(鄒訢)'이라고 바꾸어『참동계』를 주석한 적이 있었습니다.

위백양의 저작인 이 책의 목적은, 단도 수련의 원리와 방법을 설명하여, 사람과 천지 우주는 동일한 체(體)이고 동일한 기능이면서, 작용이 다른 법칙과 원리임을 증명하기 위하여, 옛 부터 전해 내려오는 전승을 정리하여 인위적인 수련으로써 승화(昇華)하여 신선을 이룰 수 있다는 전통 학술을 증명하기 위하여, 그는『주역』의 리(理)·상(象)·수(數)의 세 부분과 주진(周秦), 동한 서한[兩漢] 시대에 이르기까지의 천문 물리학의 원리와 원칙인 오행(五行)과 간지(干支)의 학문, 그리고 도가『노자』전통의 형이상과 형이하의 현학(玄學) 원리를 함께 융회 관통시켜 단(丹) 수련의 단계로 일련의 체계적이고 온전한 설명을 하는 것입니다. 이른바『참동계』는 말하기를, "단도 수련의 원리와『주역』과『노자』의 과학이면서 철학인 원칙을 참구하여 철저하게 꿰뚫으면, 그것들이 완전히 동일한 기능작용으로서 '부절(符節)처럼 꼭 맞는다 [如合符契]'고 합니다. 그래서 그는 『주역(周易)』·황로(黃老)·단도(丹道) 이 세 가지 학술의 공통적인 도리를 융회하여 『참동계』를 저술 하였습니다. 이 책 속에서 그의 문사(文辭)는 간단하면서도 질박하고 우아하고 아름답습니다. 마치 『역림(易林)』의 사장(詞章)과 같으며, 또한 만고에 빛날 절묘한 필체로써 그는 단도 수련 원리를 약물(藥物)·복식(服食)·어정(御政)이라는 삼대강요(三大綱要)로 요약하여 구분하고 있습니다. 하지만 『노자』라는 책처럼, 그 원래의 편장(篇章) 순서는 도대체 어떻게 안배된 것인지에 대해서 후학들이 확실히 의심과 추측과 고찰을 많이 허비하게 하는데, 이 또한 도가의 '어슴푸레하게 보일 듯 말 듯 하는 용과 같은[猶龍隱約] 풍미(風味)가 많아서, 노자 바로 그 사람과 그 책에서처럼 서로 의미가 명확하지 않습니다. 우리가 만약 단경의 비조 저작인 『참동계』를 『노자』라는 책에 견준다면, 또 다른 한 부의 단경은 송(宋)대 장자양 진인(張紫陽眞人)이 저술한 『오진편(悟眞篇)』인데, 이는 마땅히 『장자(莊子)』라는 책에 견주어야 합니다.

『참동계』에서 말하는 단도 학술은 심신 정신의 수련을 특별히 중시합니다. 그가, '반로환동(返老還童)'하고 '장생불사(長生不死)'하며, 최고 해탈에 이르러 신선의 지위에 오르는 데 사용하도록 가리키는 단약은, 주요 약물이 바로 사람 저마다 스스로 갖추고 있는 정(精)·신(神)·기(炁)일 뿐입니다. 수련과정 중에서도 차용(借用)해도 좋거나 혹은 반드시 차용해야 할 외부의 물질적인 단약은, 쇠진하여 병 증상이 있는 심신을 배양 보충하여 정·신·기의 생명 본능을 회복하기 위한 것일 뿐입니다. 『참동계』는 중국 양생학의 선인의 설을 모체로 뜻을 펴서 서술한 귀중한 책이며, 심신 생명의 오묘한 신비를 가장 일찍이 연구한 저작이기도 합니다. 이 저작은 한(漢)·위(魏) 시기의 의학, 생물 물리학, 나아가서는 불학과 선종에 영향을 미쳤습니다. 훗날 도교 경전인 『황정경』에서의 이른바 "상약삼품(上藥三品)은 신(神)과 기(炁)와 정(精)이다" 등의 사상, 그리고 『용호경(龍虎經)』등의 저작은 모두 『참동계』가 탈바꿈해서 나온 것들로서 약간 종교적 신비관념을 더한 것에 불과한 것입니다. 『참동계』는, 정신의 선천의 원시적인 상황을 회복하고 자기가 생명의 주재자가 될 수 있으며, 그리고 생사의 기능을 변화시킬 수 있는 등, 이러한 모든 것을 다룰 수 있음이 나에게 있는 것이야말로 복식(服食) 단도(丹道)의 효험이라고 보았습니다. 약물인 정·신·기의 단련과 복식 방법은 반드시 정확한 심성 수양과 진정한 지혜의 인식이 있어야만 해낼 수 있습니다. 그러므로 약물 수련과 복식으로써 단(丹)을 이루는 단계를 통섭함에는 어정(御政)의 중심(重心)을 투철하게 이해해야 합니다. 약물로 말하면, 위백양은 비록 정·신·기를 단약 수련의 주요 재료로 제시하였지만, 그러나 그는 결코 송(宋)·원(元) 시대의 단도처럼 불교의 선종 이론과 방법을 참고하고 종합하지 않았을 뿐만 아니라, 더더욱 명(明)·청(淸) 이후의 오충허(伍冲虛), 유화양(柳華陽)의 단도학파처럼 오로지 성(性) 신경 계통의 정자, 난자 등을 정신(精神)의 정(精)으로 여기는 것은 아니었습니다. 또한 명(明)·청(淸) 이후의 단도에서처럼 걸핏하면 임맥과 독맥 등 기경팔맥을 수도의 주제로 삼는 것은 더더욱 아니었습니다. 그의 본래 원문에서는 아주 분명합니다. 단지 후세의 도가 및 도교 도사들 각자가 다른 관점과 각도에서 자신들이 위백양을 위해서 주해(註解)를 하였기 때문에, 성(性)을 닦고 명(命)을 닦는 것을 강구함에 있어, 독신주의를 주장하는 단수청정파(單修靜淸派)가 있고, 집을 떠나지 않는 좋은 점을 주장하여 남녀가 함께 침대를 쓰는 쌍수파(雙修派)가 있으며, 납과 수은을 가공하여 외단(外丹)의 단법으로 쓰는 것을 주장을 하는 등 여러 가지 주장들이 분분했는데, 모두『참동계』를 그 원리의 근거로 삼았습니다. 그래서 방중채련(房中採煉) 등등의 좌도방문의 잘못된 이론도 하나하나 견강부회하면서『참동계』의 글귀를 끌어와 말은 그럴 듯하게 도리를 이루고 저술하여 문장을 이루었습니다.『참동계』의 원본에서 말하는 정(精)과 신(神)은 바로 혼(魂)과 백(魄)의 외적인 작용[外用]이며 기(炁)는 정(精)과 신(神)의 화합물일 뿐입니다. 그것은『주역』「계사전」의 '형체가 있는 정기가 어떤 추상적인 것을 구성하고, 물질 이면의 어떤 원리인 유혼(遊魂)으로 인하여 변화가 일어난다 [精氣爲物, 遊魂爲變]'와 확실히 동일한 노선의 사상입니다.

사실『참동계』란 책은 진정으로 읽기 어려운 것은 아닙니다. 저자가 일부러 아무것도 아닌 것을 짐짓 현묘한 것처럼 하여 최고의 비밀 구결(口訣)을 보존하고 있는 것도 아닙니다. 단지 역사적인 시대 배경의 영향을 받아서 문장의 풍격이 저마다 다른 것일 뿐입니다. 위백양이 태어난 시기는 동한(東漢) 시대로서 마침 문운(文運)이 금문(今文)을 바꿔서 고문(古文)을 모방하던 변혁 시기였습니다. 위백양은 요즘 사람들처럼 한 조목 한 조목 아주 명확하게 분석하고 분명하게 귀납하고 분류한 것은 아니지만, 여러분이 그의 주제와 그것이 바로 단도 수련의 원리와 방법을 설명하고 있다는 것을 파악하기만 한다면, 백 번 읽어도 싫증이 나지 않으며 오래 오래 읽다보면 자연히 관통하여 그의 체계와 조리를 찾아낼 수 있게 될 것입니다. 그가 인용한 노자(老子)의 이론은, 과거의 성인과 고인들의 말씀의 힘을 빌려서 그의 도리가 터무니없이 날조한 것이 아님을 증명하기 위해서입니다. 그는 『역경』의 상수(象數) 원칙을 인용하여 천지일월 기상변화의 우주 규칙을 힘을 다하여 설명하고, 이를 빌려서 인간의 신체 생명 활동의 원리는 천지 우주 변화의 순서와 공통적으로 활용될 수 있는 궤칙(軌則)이 있는 것이지, 결코 여러분들에게 천지일월의 규범을 융통성 없게 기계적으로 심신(心身)에 적용하라고 하는 것은 아닙니다. 청(淸)대의 도사인 주운양(朱雲陽)은 보기를, 위백양이 달의 차고 이지러짐으로써 정신의 쇠락과 왕성을 비유하고, 해의 출몰로써 기혈의 충만과 부족을 비유한다고 하였는데, 대단히 합리적인 명언입니다.

이제 우리는 청정(淸靜) 수련과 관계있는 이론과 방법을 한 두 단락의 예로써 들어 보겠는데, 이런 예들은 그가 『노자』의 "허(虛)의 극점에 도달하고, 정(靜)을 지키기를 전일하게 한다 [致虛極, 守靜篤]"와, "만물은 끊임없이 번성하지만, 각각 그 근원으로 다시 돌아간다. 근원으로 다시 돌아감을 정(靜)이라고 하고, 이를 일러 생명의 근원으로 회귀함이라고 한다 [夫物芸芸, 各復歸其根, 歸根曰靜, 是謂復命]."를 설명하는 파생적인 주해(註解)입니다. 그리고 그 속에서, 위백양 보다 1,2백 년 시대적으로 늦은 불학(佛學)과 선학(禪學) 등이 그로부터 중국 문화 속에서 심성의 현상 해석에 대한 과학관과, 그리고 맨 먼저 제시한 무념(無念)을 입문 방법으로 삼는 『참동계』의 수련방법을 어떻게 채택하여 썼는지도 알아볼 수 있습니다. 또한 이를 통해서 송유(宋儒) 이학가(理學家)들의 '정(靜)'과 '경(敬)'의 수양 방법이 불가, 도가 양가와 그것이 어떻게 서로 나눌 수 없는 연(緣)을 맺었는지를 볼 수 있습니다.

오행(五行)의 수(數)를 미루어 연역하면 비교적 간략하여 번잡하지 않다. 수(水)를 일으켜 화(火)를 공격함으로써 갑자기 광명(光明)이 소멸된다. 해와 달이 서로 박식(薄蝕)하니 항상 그믐과 초하루 사이에 이루어진다. 수(水)가 왕성하면 감괘(坎)가 양기(陽)를 침범하고, 화(火)가 쇠약(衰)하면 리괘(離)가 대낮에도 빛을 잃는다. 음양(陰陽)이 서로를 음식(飮食)하여 교감은 자연을 따른다. 내가 감히 헛되이 말할 수 없어서 성인의 글을 본떠서 하는 것이다. 옛 기록에 용호로 드러냈고 황제(黃帝)께서 금화(金華)를 찬양하셨다. 회남자(淮南子)는 추석(秋石)을 갈았고 옥양(玉陽)은 황아(黃芽)를 더하였다. 현자는 능히 잡고 행하고 불초자는 더불어 함께 하지 못하였다. 고금에 도(道)는 하나로 말미암으니 대담하듯이 모색한 것을 토하였다. 학자는 노력을 더하여 유념하여 깊이 생각할 것이다. 중요한 말이 매우 적나라하게 드러남에 이르러서 소소하게 빛나니 나를 속임이 아니다.

명(名)이라는 것으로 정(情)을 규정하고 자(字)라는 것으로 성(性)을 말한다. 금(金)이 애초의 본성으로 돌아가니 환단(還丹)이라고 일컫는다.[30]

推演五行數, 較約而不繁。舉水以激火, 奄然滅光明。日月相薄蝕, 常在晦朔間。水盛坎侵陽, 火衰離晝昏。陰陽相飮食, 交感道自然。名者以定情, 字者緣性言。金來歸性初, 乃得稱還丹。吾不敢虛說, 倣效聖人文。古記顯龍虎, 黃帝美金華。淮南鍊秋石, 玉陽加黃芽。賢者能持行, 不肖毋與俱。古今道由一, 對談吐所謀。學者加勉力, 留念深思惟。至要言甚露, 昭昭不我欺。

名者以定情, 字者緣性言。金來歸性初, 乃得稱還丹。

---

30) 제16 환단명의장(還丹名義章). 남회근 선생 『참동계 강의』 제54강을 참조 바람.

이목구(耳目口) 삼보(三寶)를 막아서 밖으로 통하지 않게 하라. 진인은 깊은 연못에 잠겨 자연스럽게 규중(規中)을 지킨다. 되돌려서 보고 들으니 감각을 여나 닫으나 마찬가지이다. 내가 지도리와 빗장으로 중심을 잡으니 동정 운동이 끊임이 없다. 리괘(離卦)의 기는 영기(榮氣)와 위기(衛氣)를 수납하고 감괘(坎卦)는 총명을 쓰지 않으며 태괘泰卦)는 합쳐져 말하지 않으니, 마치 태초의 홍몽(鴻濛)과 같다. 세 가지가 이미 닫혔다면 몸을 부드럽게 하고 텅 빈 방에 거처하며 뜻을 맡겨 허무(虛無)로 돌리고 항상 무념(無念)의 경지에 있어야 한다. 마음이 변화하여 움직이기 때문에 증험하기 어려우니, 마음이 전일(專一)하여 이리저리 움직이지 않게 하고 잠잘 때는 그 원신(元神)을 서로 품고 깨어있을 때는 그 존망(存亡)을 살핀다. 얼굴빛은 윤택해지고 골절은 더욱 견고해하고 강해진다. 모든 음식을 물리친 후에 정양(正陽)이 수립된다. 쉬지 않고 수련을 하면 기(氣)가 구름이 모이고 비가 오듯 한다. 봄 연못처럼 윤택하고 얼음 풀리듯 녹는다. 머리부터 발끝까지 흐르고 마침내 다시 상승한다. 끝없이 왕래하여 통하니 분분히 일어나 골짜기 속에 퍼져있다. 돌아가는 것은 도(道)의 증험이요, 약한 것은 덕(德)의 자루이다. 오래 묵은 더러운 것을 씻어내니 (원기元氣가) 미세한 곳까지 이르러 조화롭고 번창하게 된다. 탁한 것은 맑아지는 길이요 혼침이 오래되면 마침내 밝아진다.[31]

耳目口三寶, 閉塞勿發通。眞人潛深淵, 浮游守規中。旋曲以視聽, 開闔皆合同。爲己之樞轄, 動靜不竭窮。离氣納榮衛, 坎乃不用聽。兌合不以談, 希言順鴻蒙。三者旣關鍵, 緩體處空房。委志歸虛無, 無念以爲常。證難以推移, 心專不縱橫。寢寐神相抱, 覺悟候存亡。顏色浸以潤。骨節益堅强。辟却衆陰邪, 然后立正陽。修之不輟體, 庶氣云施行。淫淫若春澤, 液液象解冰。

---

31) 제22 관건삼보장(關鍵三寶章). 남회근 선생『참동계 강의』제79강 참조 바람

從頭流達足, 究竟復上升。往來洞無極, 佛怫被谷中。反者道之驗, 弱者德之柄。耘鋤宿污穢, 細微得調暢。濁者清之路, 昏久則昭明。

물론 이렇게 간단하고 질박한 문사는 그 속에 포함된 의미와 도리가 너무도 많기 때문에 우리가 해설하기에는 시간이 충분하지 않습니다. 요컨대 『참동계』의 방법과 종지(宗旨)는 정신혼백(精神魂魄)을 단련하여 노자와 장자가 말하는 "천지와 정신(精神)이 서로 왕래한다 [天地精神相往來]"는 진인(眞人) 경계에 도달하기 위한 것으로 도가 정통의 신선 단도 학술입니다. 이 때문에 위백양은, 과거의 훌륭한 성인들의 이름을 거짓으로 빌려 널리 유행하여 전해지고 있는 많은 방문좌도가 세상 사람들을 속이고 이름을 훔치며 나아가 인간세상 사회에 잘못을 끼치는 하찮은 술법들에 대하여, 다음과 같이 엄격히 비판하고 있습니다.

역장법은 시비가 있으니 몸의 내면을 관찰하고 살피는 것이다 [是非歷臟法, 觀內不所思].
(이것은 오장五臟을 내면으로 응시하는 것을 가리킵니다. 예컨대 배꼽, 단전 등에 생각을 두고 마음을 관찰[存想返觀]하는 방문旁門의 수련법을 가리킵니다)

별자리를 밟는 방법은 육십갑자의 순서를 따른다 [履行步斗宿, 六甲次日辰].
(이것은 보강배두步罡拜斗를 가리킵니다. 부록符籙 도술에 미혹된 방문 수련법을 가리킵니다).

음란한 도는 구일(九一)을 싫어하니, 탁하고 혼란하여 원포(元胞)를 희롱한다 [陰道厭九一, 濁亂弄元胞].

(이것은 방중房中의 성관계 중에 남자의 성기를 여자의 음부에 아홉 번은 얕게 삽입하고 한 번은 깊게 삽입하는 구천일심九淺一深 등의『소녀경素女經』의 수련법을 미신하는 것을 가리킵니다. 그리고 좌도의 여자의 음기를 남자가 취해서 양기를 보충한다. 여자의 음액을 취하는 채음보양採陰補陽 등의 방문의 수련법입니다).

기(氣)를 복식하여 장위(腸胃)가 울리니 정기를 토해 내고 사기(邪氣)를 흡입한다 [食氣鳴腸胃, 吐正吸外邪].

(이것은 토고납신吐故納新으로, 오로지 호흡 복기服氣만을 단련하는 방문의 수련법을 가리킵니다).

밤낮으로 잠을 안자고 달이 바뀌어도 휴식하지 않는다 [晝夜不臥寐, 晦朔未嘗休].

(이것은 정精과 운기運氣만을 만지작거리는 것을 가리키는데, 곡도穀道를 단단히 조이고 나아가서는 잠도 자지 않고 오래도록 앉아있는 장좌불와長坐不臥 방문의 수련법입니다).

몸이 날로 피곤해져서 마치 어리석은 사람처럼 정신이 몽롱한 상태가 된다. 백맥(百脈)이 솥에서 부글부글 끓는 듯하니 맑고 깨끗하게 될 수가 없다 [身體日疲倦, 恍惚狀若痴, 百脈鼎沸弛, 不得症清居].

(이것은 위의 다섯 가지 수련법을 가리키는 것으로, 오로지 신체 내면에서 정精과 기氣만을 만지작거리고 노는 방문 도술을 가리킵니다).

흙을 쌓아 단우(壇宇)를 만들고 아침저녁으로 경건하게 제사를 모시니, 귀신의 형상이 보이고 꿈에도 느끼게 된다 [累土立壇宇, 朝暮敬祭祀, 鬼物見形象, 夢寐感慨之].
(이것은 온통 제사와 기도만 하거나 귀신을 몰아내거나 부리는 방문 수련법을 가리킵니다).

마음은 기뻐하고 즐거워서 스스로 장생할 수 있다고 생각하지만 돌연히 요절하여 그 형해(形骸)를 드러낼 뿐이다 [心歡意喜悅, 自謂必延期, 遽以夭命死, 腐露其形骸].
(이것은 위에서 말한 신비한 법술 등을 수련하는 방문에 대한 결론입니다).

행동에 어긋남이 있으니 추기(樞機)를 거스르고 잃는다. 여러 법술이 너무도 많아 천 가지 만 가지가 있다. 황로(黃老)의 도를 어기고 이리저리 구불구불 구도(九都)에 도달하니 지혜가 밝은 자는 그 뜻을 살펴 확연히 근원을 알 것이다.32)[擧措輒有違, 悖道失樞機. 諸述甚衆多, 千條有萬余, 前却違黃老, 曲折戾九都, 明者省厥旨, 曠然知所由].

위백양은 『참동계』에서 이렇게 방문좌도들의 상황을 종합하여 열거하고 있습니다. 우리가 그를 진(晉) 시대의 단도가인 갈홍(葛洪)이 지은 『포박자』를 함께 연구해보면, 도술을 미신한 사람들이 멋대로 요사스런 말을 만들어 민중을 미혹시키고 어지럽혀 속이는 것이 습관이 된 사람들이 옛날이나 지금이나 똑같다는 것을 알 수 있습니다. 가소로운 일이지요? 또한 탄식할 만 일입니다! 무슨 방법으로 그 우매하고 완고함을

---

32) 제8 명변사정장(明辨邪正章). 남회근 선생 『참동계 강의』 제35강 참조 바람.

깨우칠 수 있을까요? 그래서 그는 또 말하기를, 상고 때부터 전해 내려오는 도술은 본래 내성외왕(內聖外王)의 진정한 학문이었는데 단지 후세 사람들이 지혜가 없어 그것을 지리멸렬하게 만들어 버렸기 때문에, 가짜를 가지고 진짜를 어지럽혀서 사회에 영향을 미치고 퇴폐풍조를 조성하였다며 다음과 같이 말하고 있습니다.

옛날의 황제(黃帝)나 노자(老子), 그리고 고래로 하늘로 오른 진인(眞人)들과 같은 성현들은 현묘한 도를 지니고 선천의 원기(元氣)를 취하여 가장 우수한 금단구전(金丹九轉)의 화부(火符)를 단련하고 구염(舊染)의 형적(形跡)을 변화하여 얼마 동안 이 세상에 잠복하여 수행하였다. 내 몸의 원정(元精)과 원신(元神), 곧 진일(眞一)의 기(氣)를 함유하여 기르고 덕(德)을 천원(天元: 신단神丹), 인원(人元: 대단大丹)에 통달하게 하여, 그 결과로 정기(精氣)가 피부 사이에 가득 차 넘쳐서 근골이 강장하고 치밀하고 견고해져서, 각자의 음사(陰邪)를 제거하고, 정양(正陽)의 기가 영원히 길러져 공을 쌓고 행을 거듭함이 오래이고 형상을 변화하여 선인(仙人)이 되었다. 옛날의 성현은 후세에 연단(鍊丹)의 도를 좋아하는 사람들이 바른 도를 알지 못할 까봐 걱정하여, 마침내 이러한 사람들을 위하여 옛날 진인의 풍채를 흠모하고 상고의 문자로써 서적을 저술하여 후배에게 열어 보였다. 후인이 이에 의해 입문하게 하기 위해서였으니, 황제의 『음부경(陰符經)』이나 노자의 『도덕경』, 그리고 옛 진인의 단서(丹書)가 그것이다. 그러나 그 저서에 설한 바는 그 천기(天機)가 누설될까 두려워하여 왕왕 그 가지나 잎만을 드러내 보일뿐 그 뿌리나 줄기는 감추어 굳이 밝혀 말하지 않고, 다만 용호(龍虎)니 연홍(鉛汞)이니 유주(流珠)니 금화(金華)니 황아(黃芽)이 백설(白雪)이니 하는 말들에 의해 설함으로써 본질을 가려 어듭게 하였다. 뒷날 그 책을 구한 사람도 그 참뜻을 깊이 연구하여 밝힐 수가 없어 다만 책 상자 속에 깊이 간직하여 일생 동안 그것을 지키는 데 지나지 않았다. 그 자손들이 조상의 업을 계승하더라도 대대로 미혹되어 그 참뜻을 깨달을 수가 없고 주홍(朱汞)을 다 구워도 아는 바가 없으며, 마침내 관리는 그 관직을 버리고 농부는 그 농토에서 떠나고 장사꾼은 장사를 폐업하는 등 단도에 뜻을 두는 사람으로 하여금 오래도록 가난 속에 허덕이게 하였다. 매우 슬퍼할 일이다. 나는 이를 매우 딱하게 생각하고는 이 글을 기록하였다.

維昔聖賢, 懷玄抱眞。 伏鏈九鼎, 化迹隱淪。 含精養神, 通德三光。 精溢腠理, 筋節緻堅。 衆邪辟除, 正氣常存。 積累長久, 變形而仙。 憂悶后生, 好道五倫。 隨旁風采, 指畫古文。 著爲圖籍, 開示后昆。 露見枝條, 隱藏本根。 托號諸名, 覆謬衆文。 學者得之, 損柜終身。 子繼父業, 孫踵祖先。 傳世迷感, 竟無見聞。 遂使宦者不仕, 農夫失耘, 賈人棄貨, 志士家貧, 吾甚傷之, 定錄玆文。

그러나 그 자신은 또 말하기를, 그의 저술 중에서 이 일을 순서에 따라서 설명하지 않았으니 모두 독자가 스스로 자세히 사고하고 명확하게 분석 변별함[審思明辨]에 의지해야 비로소 그 속의 과정과 궁극적인 것을 깨달을 수 있다며, 다음과 같이 말합니다.

그 문자는 간략하여 생각하기 쉽고 사항은 생략되어 번거롭거나 지루하지 않고 그 지엽을 널리 서술하고 있으므로 그 근본 주지(主旨)를 관찰할 수가 있다. 예컨대 길이나 무게가 정확하여 잘못됨이 없고, 게다가 옛 성인의 이름을 의탁하고 문장을 틀리게 하는 법에 따라 굳이 곧바로 설명하는 일을 하지 않았다. 그러므로 하편에 있어서 총괄하는 사(辭)를 쓰고 단법의 오의(奧義)와 진결(眞訣)을 서술하여 단도의 길잡이로 삼았다. 세상의 유식한 선비가 정성을 들여 생각하고 열심히 노력하여 뜻으로써 이것을 참조하고 고증한다면, 그 취지를 얻어 단도의 깊은 뜻을 엿볼 수가 있을 것이다.33)

字約易思, 事省不煩, 被列其條, 核實可觀。 分量有數, 因而相循, 故爲亂辭, 孔竅其門, 智者審思, 用意參焉。

그래서 그는 또 수련의 가장 기초적인 방법을 다음과 같이 가리켜 보이고 있습니다.

안으로 나를 길러 안정(安靜) 허무(虛無)에 도달한다. 근본으로 돌아가서 감각을 숨겨 안으로 형구(形軀)를 비춘다. 태(입)을 닫아 영주(靈株)를 견고하게 세우니 삼광(三光)이 아래로 가라앉으면 자주(子珠)를 따뜻이 기른다. 보아도 보이지 않으나 가까이서 쉽게 구한다. 황중(黃中)에서 점차 통리(通理)하면 윤택함이 피부에 드러난다. 처음이 올바르면 끝이 닦이고 근간이 수립되면 말단도 유지할 수 있다. 한마디로 말하면 세상 사람들은 알지 못한다.34)

內以養己, 安靜無虛。 原本隱明, 內照形軀。 閉塞其兌, 築固靈株。 三光陸沈, 溫養子珠。 視之不見, 近而易求。 黃中漸通理, 潤澤達肌肤。 初正則終

---

33) 제31 복식성공장(伏食成功章). 남회근 선생 『참동계 강의』에는 이 장에 대한 강의가 없음. 이 장의 번역문은 최형주 해석 『주역참동계』 자유문고 1995년 8월15일 초판 1쇄본에서 전재하였음.

34) 제6 연기입기장(鍊己立基章). 남회근 선생 『참동계 강의』 제29강 참조 바람.

修, 幹立未可持。一者以掩蔽, 世人莫知之。

또 말합니다.

부지런히 저 소술(小術)과 바르지 못한 길[邪徑]을 버리고 올바른 도[正道]를 행하여 아침부터 밤까지 게을리 하지 않는다. 단약을 복용하기 3년이 지나면 몸은 가벼워져 공중으로 올라가고 멀리 크고 넓은 공중[大空]을 갈 수가 있다. 불을 밟아도 뜨겁지 않고 물을 건너도 가라앉지 않는다. 혹은 숨고 혹은 나타나며 홀연히 사라졌다 홀연히 다가오며, 있고 없어지는 것이 뜻대로 되며 영원히 즐기면서 근심거리가 생기지 않는다.

도(道)와 덕(德)이 완전히 성취되어 얼마동안 인간세계에 잠복해 있다가 자취를 티끌세상에 숨기고 시절이 도래하기를 기다리면 천상의 태을신(太乙神)의 부름을 받아 바다 가운데 삼신산(三神山)에 옮겨 살게 된다. 공(功)은 건곤(乾坤)에 가득차고 덕(德)은 끝없이 열린 하늘[天空]에 드날리며 태을신으로부터 비문(秘文)을 받아 진인이 되는 것이다.[35]

勤而行之, 夙夜不休。伏食三載, 輕擧遠游。跨火不焦, 入水不慌。能存能忘, 長樂無憂。道成德就, 潛伏俟時。太乙乃召, 移居中洲。功滿上升, 膺籙受符。

요컨대 위백양이 지은 『참동계』는 심신수양 실험과학의 정밀한 내용과 이치로부터 심성의 형이상의 도와 함께 형이하의 질적 변화인 정신

---

35) 제8 명변사정장 중의 이 단락에 대해서 남회근 선생 『참동계 강의』에는 강의가 없음. 이 장의 번역문은 최형주 해석 『주역참동계』 자유문고 1995년 8월15일 초판 1쇄본에서 전재하였음.

혼백 등의 문제를 말하고 있습니다. 이것은 도가 과학의 학술과 유가 철학의 사상을 종합하여 단도의 노정(爐鼎)36) 속에 녹여 모은 것으로서, 천고에 단경 도서의 비조로 찬양받는 것이 정말로 과분한 일이 아닙니다. 주운양(朱雲陽)은 말하기를, 그가 "천지를 거대한 노정으로 삼고 심신을 약물로 삼았다 [天地爲爐鼎, 身心爲藥物]."고 했는데, 조금도 틀린 말이 아닙니다, 하지만 위백양은 인원단(人元丹)의 수련을 중시하여, 사람의 성명(性命) 기능의 최고의 지극한 이치를 발휘했습니다.

(2) 방사 의학과 역(易) 상수(象數)가 합류한 연기 양생술의 단도

양한(兩漢) 문화사상에서 유명한 유가 경학가의 훈고(訓詁)와 주소(註疏) 이외에도 과학 방면에서 서한(西漢)의 최대 성취는 바로 천문과 역상(曆象)의 발전입니다. 예를 들어 창작력이 넘치고 다방면의 재능과 기예가 있었던 사마천(司馬遷)도 역상을 개정하는 작업에 참가한 적이 있고, 이로써 스스로가 선조들의 유지를 완성함은 영광이라고 생각했습니다. 후래의 양웅(揚雄)은 『역경』의 상수(象數) 이론으로써 천문 역상의 법칙을 범위지어 자신이 새로운 학설을 창조할 생각으로 한 부의 매우 추상적인 천문 이론인 『태현경(太玄經)』을 저작하였고, 이를 이용하여 형이상과 형이하 등의 문제를 개괄하고 싶어 했습니다. 그의 학문에 근거가 있든 없든 과학적인 발견상의 가치가 있든 없든 간에, 문장 명가

---

36) 향로는 도가 단도의 수련 용어로, 수련자 자신과 천지를 가리킨다.

인 한 유가 학자가 과학이면서 철학인 이론에 대해 흥취가 있었으니, 만약 그가 오늘날 과학과 철학을 중시하는 국가에 태어났더라면 더욱더 장려해야 할 것입니다. 동한(東漢)시기에 이르러서는 양한의 역학 상수 파의 이론과학의 변천으로 인하여 역(易)의 상수학은 더욱 추상화된 이론으로 걸어 들어가게 되었습니다. 예를 들어, 맹희(孟喜)의 괘기설(卦氣說), 경방(京房)의 변통설(變通說), 순상(荀爽)의 승강설(升降說) , 정현(鄭玄)의 효진설(爻辰說) , 우번(虞翻)의 납갑설(納甲說) , 비직(費直)의 단전(彖傳)·상전(象傳)·계사전(繫辭傳)·문언전(文言傳)으로써 『역경』 상하 권을 해설한 것 등입니다. 이러한 영향으로 순씨(荀氏) 역학(易學)이 이루어졌습니다. 건곤소식괘(乾坤消息卦)의 유래는, 문왕(文王)과 주공(周公)의 주(周)나라 문화 학술사상 전통에서 시작하여, 『예기(禮記)』의 월령편(月令篇)을 증명 자료의 주요 줄기로 삼고, 정현(鄭玄)이 도가사상을 채용하여 월령편을 주석한 것을 거쳐 그 내용이 충실해져서, 동한(東漢)의 상수 학술사상의 대계를 구성했습니다. 이 때문에 도참(圖讖)등의 참위학(讖緯學) 형성에 영향을 주었습니다. 하지만 참위학의 흥성에는 또 다른 학술사상적인 원인도 있었는데, 본 주제에서 더 이상 토론할 필요는 없겠습니다. 이제 우리는 그 번다함을 귀찮게 여기지 않으며 또 간략하게 양한 역학 상수이론의 내용을 설명하였는데 사실 그 목적은 , 건곤소식괘상(乾坤消息卦象)의 학설에 포함된 도가의 단도가의 괘기승강론(卦氣升降論), 효진변통론(爻辰變通論)과 납갑(納甲) 원리가, 어떻게 동한 이후 의학상 기맥의 학술이론과 양생가들의 복기(服氣) 연정(煉精)의 수련술에 영향을 미쳤는가를 설명하기 위해서입니다. 물론 이 하나의 체계적인 학문에 포괄되고 관련되는 내용은 너무나 많고 너무나 넓기 때문에 우리는 하나하나 전문적으로 논할 길이 없으므로, 이제 단도 복기 수련 등과 관련 있는 소수 몇 가지 이론적인 원칙들을 제한적으로 설명하여 여러분들로 하여금 그 대략적인 요점을 이해하게 할 뿐입니다.

한(漢)나라 시대의 역학 상수가들은 중국 상고의 천문학 관념 속으로부터 전통 사상을 이어받아, 이 천지우주간의 일월 운행과 천지 일월과 지구 만물 그리고 인류 자체와의 관계는 실재에 있어서 단지 하나의 거대한 생명 활동일 뿐만 아니라, 따를 수 있는 하나의 일정한 규칙의 순환적 활동으로 보았습니다. 특히 태음인 달의 가득차고 이지러지고 방사(放射)하고 충전함[盈虧消息]과 지구 물리 기상(氣象)의 변화를 탐구 채용하여, 천지 생명의 대기기(大氣機)의 기준으로 삼음으로써 그 기본 이론의 설명을 세웠습니다. 천지우주는 만물이라는 거대한 생명의 근원이며, 일월과 지구는 바로 이 거대한 생명 속에서 분화된 작은 생명입니다. 사람과 만물은 더더욱 천지 사이에서 분화된 작고도 작은 생명일 뿐입니다. 그러나 생명이 크든 작든 간에 그것들의 근원은 한 몸[同體]이며 생명활동의 법칙도 동일한 규율입니다. 그러므로 크고 작은 생명의 원동력은 모두 기기(氣機) 변화의 작용입니다. 그러나 이 형태도 없고 모양도 없는 기(氣)는 비록 보이지도 않고 만질 수도 없지만, 그것이 천지 일월의 운행 법칙 면에서와 인체 생명의 연속 면에서 알 수 있는 자취가 있을 뿐만 아니라 그 규칙을 찾아낼 수도 있습니다. 그들은 지구 물리 기상의 입장에서 1년을 4계절, 12개월, 360일의 규율로 나누고 태양 운행도(度)인 1년 365+1/4일과 결합하여 준칙으로 삼았습니다. 그 사이에 달의 차고 기울어짐을 기준으로 삼아서 천지일월 운행과 지리, 물리, 인생 생명의 활동은 모두 하나의 공동의 근원적인 힘[原力]이면서 법칙이 있는 지배를 받는다고 보았습니다. 이 근원의 힘을 기(氣)라고 불렀습니다. (물론 그것을 공기의 기(氣)로 보고 말해서는 안 됩니다). 이리하여 일종의 학설을 창조하여 세우고, 태음인 달 그 자체는 원래 광명이 없고 태양의 기기로부터 감응되어 빛을 발하기 때문에, 한 달 가운데 음양기기(陰陽氣機)의 교감이 발생하면서 시간과 공간의 방위 면에서 달에는 어둡고 둥글고 이지러지는 현상 등의 가득차고 이지러지고 방사하고 충전함이 있다고 보았습니다. 그래서 천문법칙 이외에도 음양이기(陰陽二氣)의 교감을 계산하여 수립하고, 지구 기상과 물리 인사 변화의 작용 규율화를 형성했으며, 천간(天干)과 지지(地支)가 결합된 갑자(甲子) 학설을 구성했습니다. 5일이 1후(候)가 되고, 3후(候)가 1기(氣)가 되고, 6후(候)가 1절(節)이 되므로, 1년 12개월은 24개의 기절(氣節)로 나누었습니다. 다시 귀납적인 방법으로 이러한 기기절후(氣機節候)의 작용을 12개월 가운데에 통섭하여 건곤소식(乾坤消息)의 12벽괘(辟卦) 현상을 구성했습니다. 이리하여 10천간(天干)·12지지(地支), 28수(宿)·12율려(律呂)·5행(五行)·8괘(八卦) 등등을 겹겹이 귀납시켜 층층이 그 범위에 집어넣어서 한 세트의 도가 역학의 상수·천문·지리·물리·인사 관계의 학문을 형성하였습니다. 훗날 이론 의학적으로 9×9=81개의 문제를 제시하는 것으로 발전하여 인신의 기맥과 관련 있는 『난경』 학설은 『황제내경』의 영(榮: 혈血)과 위(衛: 기氣)의 이론과 결합하여, 사람 몸에는 12경맥(經脈)과 15개의 락(絡), 삼초(三焦), 8맥(脈)의 기혈 유행은 천지일월의 기기 운행과 함께 동일한 규칙과 원리에 속하는 것으로 보았습니다.

시대가 더 후대로 내려오자 단도 신선수련을 하는 사람들은 위에서 말하는 학술 이론과 건곤소식괘기승강(乾坤消息卦氣升降)의 이론에 근거하여, 인생 생명의 기기는 부모로부터 수태되는 시간을 시작으로 계산하여 남자는 8위수(位數)를 기준으로, 여자는 7위수를 기준으로 하여 선천적으로 부여받은 것으로 보고, 건괘(乾卦)로 배속시켜 대표 범위로 삼았습니다.

(역자보충)

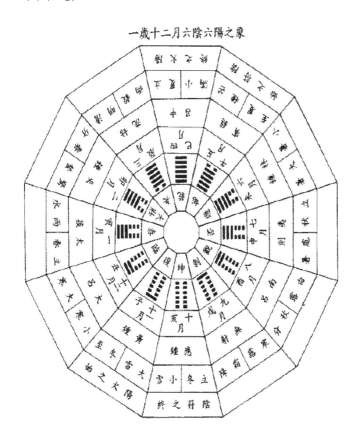

普通变化（受物理现象的限制，生命逐渐消耗。）	名象卦	龄年	
		男	女
	坤		
	地山剥	56←49	49←43
	地风观	48←41	42←36
	地天否	40←33	35←29
	山天遁	32←25	28←22
	风天姤	24←17	21←15
	乾	16	14

法方	名象卦	修道升华（空破现象界的限制，夺天地之造化）
1. 由生理着手，借吐纳、药物等方法，炼精化气，炼气化神…… 2. 由心理着手，致虚极守静笃，或等而下之如守窍……是。	乾	
	雷天大壮	
	地天泰	
	地泽临	
	地雷复	
	坤	

▲生命的两种变化（长生或不亡以待尽），☰代表生命中生生不息的功能，☷表示生命已受的损害。

비교적 뚜렷한 증거로 예컨대 여자는 14세 이전에 월경(황제내경에서는 천계天癸라고 부릅니다)이 아직 나타나지 않았을 때가 바로 육효(六爻)가 완비된 건괘(乾卦)37)의 생명으로서, 이성과 성관계를 한 적이 없는 아직 깨지지 않은 완전한 동정(童貞)의 몸[童身]이라 할 수 있습니다. 14세 전후에 이르면 월경이 시작되고 천풍구괘(天風姤卦)로 바뀝니다. 그래서 3×7=21세까지는 건괘(乾卦)의 초효(初爻)가 이미 파괴되었습

---

37) 건괘　천풍구괘

니다. 이로부터 7×7=49세 전후에 이르면, 즉 월경이 끊어지는 시기(오늘날 의학에서 말하는 여자의 갱년기)인데, 선천의 생명 괘기(卦氣)가 장차 다해가는 것입니다. 이는 선천적으로 타고난 생명의 에너지가 이때에 이르러 거의 다 소모되어 끝나가고, 남아있는 나이인 7×8=56세 전후의 단계는 모두 후천 생명의 나머지 기[餘氣]일 뿐이라는 말이나 다름없습니다. 다시 그 아래로 내려가면 양(陽)의 건괘로부터 순음(純陰)인 곤괘로 변하고 또 다른 생명인 음(陰)의 경계로 넘어갑니다.

만약 남자의 입장에서 말하면 8위수로 계산해서, 16세의 전후가 동정의 몸이라 할 수 있으며 원래 선천의 건괘의 기를 보유하고 있습니다. 점차로 7×8=56세 전후(오늘날 현대의학이 말하는 남자의 갱년기)까지 변해가면 선천 괘기의 생명이 장차 다해가는 단계입니다. 8×8=64세 이후에 이르면 남은 생명은 바로 후천의 나머지 기의 작용입니다. 다시 말하면 순양(純陽)의 건괘가 순음(純陰)의 곤괘로 바뀌며 또 다른 생명의 음(陰)적 경계로 넘어갑니다.

그래서 단도 수련의 장생불사의 몸을 닦는 수명(修命) 이론이 발생했는데, 이러한 제 1등급의 기초[根基]는 남녀를 불문하고 동정의 몸으로 도에 들어가는 것을 상품(上品)이라고 여기는 것입니다. 그 다음으로는 괘기가 아직 다하지 않은 단계에서 반성하고 수도하면 그래도 희망이 있습니다. 만약 괘기가 다해버렸다면, 다시 신체를 수련하더라도 절대 희망이 없는 것은 아니지만 고생은 배로하고 공은 그 절반 밖에 안 되는 어려움이 있게 됩니다. 이러한 이론을 100% 신뢰할 수 있는지에 대해서는 잠시 비평하는 말을 하지 않겠지만, 현대의학의 이론과 경험에 미루어 견주어본다면 자세하면서도 참신하고 충분한 증명은 없더라도 결코 무슨 완전히 옳지 못한 점이 있는 것은 아닙니다. 그렇지만 모두들 알아야 합니다. 이것은 서기(西紀) 이전 우리 중국문화 속의 도가가 생리 의학에 대하여 발표한 이론인데, 오늘날이 비록 그들의 관념과 증명을 뛰어넘더라도, 과학의 의학사 입장에서 본다면 그것은 일찍이 2천년 이전의 발명입니다! 후세의 일반 수도자들은 모두들 나이가 많고 만사에 낙심한 나머지 비로소 장생불사 술법을 추구하고 싶어 했습니다. 만약 이렇게라도 정말로 신선이 될 수 있다면 천하에서 가장 편리한 일은 모두 총명한 사람들이 다 차지해 버렸기에 아마도 가망이 없을 것입니다!

더 나아가서 이러한 천지의 기기(氣機)와 인생의 기맥과 관계된 이론은 그 범위를 축소시켜 그 규칙을 설명하는데, 그들은 사람의 기기는 한번 내쉬고 한번 들이쉬는 사이에 맥은 스스로 6촌(寸)을 운행한다(한번 내쉴 때 맥은 3촌을 가고, 한 번 들이쉴 때 맥은 3촌을 갑니다)고 봅니다. 한 사람이 하루 낮 하루 밤 사이에 총 13,500회의 호흡을 하는데, 이를 일식(一息)이라고 부릅니다. 기맥은 50도(度)를 거치며 온몸에 두루 운행한다고 봅니다. 한(漢)대의 시간 계산 기준으로 말하면, 구리 로 만든 물시계 항아리 물이 방울방울 뚝 뚝 떨어지며[銅壺滴漏] 100각(刻)의 시간이 경과한 것입니다. 그러나 이른바 이러한 맥은 영기와 위기를 포함해서 말하는 것입니다. 이른바 "영기(榮氣)와 위기(衛氣)는 양기(陽氣)가 25도(度) 행하고, 음기(陰氣)가 25도(度) 행한다."인데, 만약 굳이 현대 의학적의 개념을 빌린다면 이렇게 말할 수 있습니다. 즉, 이 생명의 기기는 양성(陽性)의 중추신경 계통을 유행하는 것이 25도이고, 또한 음성(陰性)인 자율신경계통을 유행하는 것도 25도입니다(물론 저는 의학을 배운 사람이 아니고 다만 명사를 빌려서 대충 한번 설명해본 것일 뿐이니 절대로 이것을 기준으로 삼아서는 안 됩니다). 다시 더욱 상세하게 분석하여, 심(心)·간(肝)·폐(肺)·비(脾)·위(胃)·신(腎·)담(膽)·대장(大腸)·소장(小腸)·방광(膀胱)·삼초(三焦)·포락(胞絡) 등 12경맥을 기기의 왕래호흡의 차수와 결합하여 각각 수치로 분류하여 설명하고 있습니다. 그런 다음 자(子)·축(丑)·인(寅)·묘(卯) 등의 십이지지와 24기절을 더하여 귀납시켜 이러한 양생, 의약, 생리학설로 하여금 신비하고 현묘한 테두리 속으로 걸어 들어가게 하였습니다. 사실 도가나 옛 사람들이 일부러 신비하게 그렇게 만든 것이 아니라, 그 시대의 학식이 습관적으로 이러한 부호들을 즐겨 써서 분석한 뒤에 함께 집어넣어 기억 부호로 귀납시켰을 뿐입니다. 요컨대 동한(東漢) 이후 줄곧 당송(唐宋)에 이르기까지 사이에 정통 단도파 위백양의 심성수양으로써 정신을 단련하는 방법이외에, 가장 보편적이면서 역량이 있었던 것으로는 또 연기술(煉氣術)과 복기술(服氣術)등 기(氣)를 기르는 이론과 방법이 신선단도 비결의 주류가 되었습니다. 이런 유사한 실험파 이론의 연원은 멀리 장자(莊子)의 다음과 같은 학설을 이어받아 변천 발전되어 온 것임이 틀림없을 겁니다.

천지란 하나를 가리키는 것이요, 만물이란 한 마리의 말과 같은 것이다 [天地一指, 萬物一馬].

신기루나 보이지 않는 극미세 먼지 등 일체의 물리 상황과, 생물은 생명이 의지하는 힘인 기[炁: 息]가 불어넣어진 것이다 [野馬也, 塵埃也, 萬物之以息相吹也].

진인은 발바닥까지 깊게 숨을 쉬지만, 보통사람들은 목구멍까지 얕게 숨을 쉰다 [眞人之息以踵, 衆人之息以喉].

송(宋)·원(元) 이후에 이르러 내단(內丹) 수련의 신선도법은 불가 선종의 명심견성(明心見性)의 현묘한 도리를 받아들인 동시에 또한 남북 인도에서 전해 들어온 밀종 수련법의 상호 영향을 받아서, 방법과 이론 면에서 두 가지의 대단히 중요한 관건이 발생하였습니다.

① 성명쌍수(性命雙修)가 단도의 정해진 법칙이며 신선을 이루는 극과(極果)라고 주장하였습니다.

② 특히 '정(精)을 수련하여 기(氣)로 변화시키고, 기(氣)를 수련하여 신(神)으로 변화시키고, 신(神)을 수련하여 허(虛로) 돌아간다 [煉精化氣, 煉氣化神, 煉神還虛].'는 세 단계가 단법 수련의 유일한 과정이라고 중시하였습니다.

그러므로 송(宋)·원(元) 이후의 모든 단경 저작은, 정통 도가 사상이든 방문좌도의 작은 술법이든 간에 이론 기초 면에서는 모두 이 원칙을 따르며, 『참동계』나 혹은 『오진편(悟眞篇)』의 명언을 표절하여 견강부회(牽强附會)하고, 인용 증명의 근거로 삼는 데 이용했습니다. 그러므로 명(明)·청(淸) 이후의 단도 관념에는 다음과 같이 전해 내려오는 설이 있었습니다.

단지 명(命)만 닦고 성(性)을 닦지 않는 것, 이것이 수행에서의 첫째 병폐이다. 단지 조성(祖性)만 닦고 단(丹)을 닦지 않으면 만겁에도 음령(陰靈)이 성(聖)에 들기 어렵다 [修命不修性, 此是修行第一病. 祇修祖性不修丹, 萬劫陰靈難入聖].

뿐만 아니라 가장 묘한 것은 단도의 모든 전통이 일률적으로 당나라 말기의 신선인 여순양(呂純陽)을 조사로 받든다는 점입니다. 마치 불가의 사상 학술이 당(唐) 이후 대부분이 선종의 숲으로 들어간 것과 같습니다. 이는 정말 중국 문화학술 사상사에서 당대(唐代) 문화 발전의 기이한 자취입니다. 명·청 이후의 단도 학술은 비록 네 개의 분파로 나누어져, 즉 남종(南宗)에서는 음양쌍수(陰陽雙修)를, 북종(北宗)에서는 단수청정(單修清靜)을, 서파(西派)는 단수(單修)를, 동파(東派)는 쌍수(雙修)를 주장하였지만, 이 사대종(四大宗)의 종지는 여전히 성명쌍수의 이론 기초를 떠나지 않았습니다. 때로는 송대 유학의 이학(理學)이나『대학(大學)』,『중용(中庸)』 사상을 인용하여, '사람의 본성을 알 수 있다면 만물의 본성을 알 수 있다 [盡人之性, 盡物之性]. 사물의 이치를 궁구하고 인간의 인성을 철저하게 연구함으로써 천명에 이를 뿐이다 [窮理盡性以至於命]'는 등의 이론과, 성정(性情)을 변화시키는 것을 중시하여, 단도의 용호(龍虎)·납(鉛)·수은(汞) 등의 정묘(精妙)한 이론으로 삼았습니다. 요컨대, 신선 단도 학술 사상은 주(周)·진(秦) 이래의 양신(養神)이 한 번 변하여 한(漢)·위(魏) 이후 연기(煉氣)로 바뀌었고, 다시 송(宋), 원(元) 이후 연정(煉精)으로 바뀌어서, 이미 초기의 질박한 도술과는 지취가 크게 달라졌습니다. 비록 황제와 노자를 조종(祖宗)으로 받들어 모시지만, 노자의 청정허무(清靜虛無)의 설과도 현저한 차이가 있습니다. 더더구나 훗날의 단도가들이 방중채보(房中採補: 성관계 속에서 보약을 캐어냄) 등의 삿된 술법들을 끼워 넣고 여러 가지 별난 모양들을 더해서, 저마다 스스로 무상(無上)의 단법이라고 받들고 제각각 정통 단도의 비전(祕傳)을 얻었다고 그 명칭을 불렀습니다. 혹은 자기에게 전승해준 스승은 이미 수백 년 이상 된 사람이라며 '병을 없애고 수명을 연장하여 장생불로에 이르는' 고명한 방법은 모두 여기에 있다고 말했습니다. 『포박자』에 열거된 위(魏)·진(晉) 이래의 방술사들이 말하는 잘못된 이론을 읽어보기만 하더라도 아연실소하게 되며, 고금의 허망한 거짓말들은 모두가 한 결 같다는 것을 알게 됩니다.

명·청 이후의 단도 수련방법은 한·당·송·원 이래의 정통 단법과는 갈수록 멀어지고 나아가는 길도 갈수록 좁아졌습니다. 일반적으로 말하는 단도는 대부분이 오충허·유화양 계통의 오류파(伍柳派) 단도를 위주로 합니다. 오충허의 『금선증론(金仙證論)』이라는 저작이 있고, 유화양에게는 『혜명경(慧命經)』 등의 저서가 있는데, 그들은 유(儒)·불(佛)·도(道) 삼가를 참고하고 종합하여 형이상의 정묘한 도리의 학술과 사상을 논증하며, 그들의 단법이 도가 정종(正宗)의 적통 전승임을 힘을 다해서 증명하였습니다. 그러나 불학을 잘못 이해하고 부처님 말씀의 부분을 억지로 만들어 도리어 사람들로 하여금 보는 대로 뒷걸음치게 하였는데, 정말 거짓되고 가소롭기 그지없습니다. 이 일파의 단도는 전적으로 주장하기를 '정(精)을 수련하여 기(氣)로 변화시키는 것'을 초보 입문의 기초로 삼는다고 합니다. 특히 성의 생리와 성 행위의 기능을 수련의 묘법으로 유의하여, 남녀의 성 생식 기능의 충동이면서 성욕을 함유하지 않는 성분이야말로 활자시(活子時)의 약물 발생 현상으로 보고는, 바로 이 부분으로부터 수련에 착수 하거나, 눈빛을 회광반조(迴光返照)하거나, 호흡을 조절하여 다스리거나, 회음(會陰: 海底)을 단단히 조임으로써 양정(陽精)을 독맥(중추척수신경)을 따라 돌도록 도인(導引)하여 상단전(上丹田)인 니환궁(泥洹宮: 간뇌부분)에 돌아가게 합니다. 이른바 '정(精)을 돌려서 뇌를 보충하면 장생불로한다 [還精補腦, 長生不老]'는 작용이 여기에 이르면 효용을 발생하게 되는데, 이게 즉 단두(丹頭)38) 일점(一點)의 선천 기(炁)입니다. 상단전에 도달한 뒤에 화지신수(華池神水: 구강과 임파선의 내분비등의 진액)로 변화하여 십이 층의 건물(기관喉管 부분)을 따라서 내려와 하단전(下丹田: 배꼽 아래)에 도달합니다. 이것을 임맥이 뚫리어 통했다고 부릅니다. 이와 같이 임맥과 독맥의 순환 운전을, 역학 상수(象數)의 갑자(甲子) 등의 천간지지(天干地支)의 학설과 억지로 배합합니다. 이를 1차 소주천(小周天: 하거河車 굴림이라고도 부릅니다) 운전 방법이라고 부릅니다. 그런 다음 어떻게 소주천으로부터 대주천(大周天)으로 굴리며 청룡(靑龍)·백호(白虎)·납(鉛)·수은(汞)·음(陰)·양(陽) 등등과 배합시킨다고 주석했는데, 매우 현묘하여 이해하기 어렵습니다. 그리하여 장생불로를 동경하여 신선이 되고 싶어 하는 사람으로 하여금 무상(無上)의 도술 단법으로 받들게 하여 중지하지 않고 부지런히 닦아 마침내는 마음장상(馬陰藏相: 남성의 생식기관이 수축되고 여성의 유방이 동정의 몸[童身]으로 돌아가는 것)에 도달하는 것을 증험으로 삼았습니다. 이로부터 다시 한 걸음 더 나아가 연기화신(煉氣化神)의 공부에 도달하고 양신출규(陽神出竅)를 성취하여 신(神)이 몸 밖에 노닐어서 통령(通靈)의 단계에 도달해야 비로소 단련이 금선(金仙)을 이룬 효과입니다. 이러한 갖가지 설들이 널리 전해져 그 영향력이 지극히 컸습니다. 일반적으로 무술 수련의 남종(內家)과 북파(外家)의 권술(拳術) 명가들, 오로지 기공(氣功) 단련을 하거나 혹은 정좌 양생을 중시하는 사람들, 그리고 무협 소설가의 붓 아래에서의 임맥 독맥의 타

---

38) 도교에서 정련하여 이루어진 단약을 가리킨다.

통(打通), 주화입마(走火入魔) 등등의 관념과 술어는, 모두 이 일파의 단법 이론 명사(名辭)에서 온 것인데, 그 폐해가 얕지 않았습니다.

그런데 이 일파의 단법인 '정(精)을 단련하여 기(氣)로 변화시킨다[煉精化氣].'는 이론과 방법은 그것이 정통인지 아닌지는 잠시 상관하지 않기로 하고, 만약 이를 적절하게 사용하고 그 방법이 적절하다면 실재로 두 가지의 좋은 점도 있습니다.

① 그것은 어떤 종교와 종파인지를 막론하고 출가하여 전문적으로 수련하는 독신주의자의 성(性) 심리에 대한 번뇌 문제를 해결해 줄 수 있습니다. 그리고 진정으로 음계(淫戒)를 지키고 범하지 않는 정도까지 수련함에도 매우 좋은 도움이 됩니다. 20세기 말기의 미치도록 추구하는 육체적 욕구 유혹과 그리고 건강 장수를 중시하는 심리 위생에 대한 실험에 대하여, 이론과 약간의 초보적인 방법상에서 좋은 일이 아니라고 말할 수 없습니다.

② 그들은 또한 적선(積善)을, 수도하여 신선이 되는 기초로 삼으라고 극력 제창합니다. 만약 도법(道法)만 있고 지극히 크고도 많이 누적된 선행이 없이 신선 과위에 이르기 위해서 수도하고자 한다면, 절대로 희망이 없다고 합니다. 이것은 사회 교육과 종교 교육의 의미에서 가장 결정성을 갖춘 지극한 도리의 명언입니다.

요컨대 우리가 그 좋은 점을 이 두 가지로 귀납한 것 외에도 그것이 건강 양생에서 일종의 양호한 수양 방법이라고 보는 것은 함부로 비난할 일이 아닙니다. 그러나 여전히 주의해야 합니다. 우리가 방금 말한

대로 그 방법이 적절해야 하고, 또 도가의 의학 이치에 대한 이론에 깊이 통해야 합니다. 그렇지 않으면 그 폐단도 몹시 두렵기 때문에 상반된 측면에서 그 해로운 점을 귀납시키면 대략 네 가지가 있습니다.

㉠ 학습하고 수련하는 사람이 도가의 의리학(醫理學)에 관한 정·기·신의 진정한 원리를 통하지 못한데다가, 또 보통 의학(중국 의학)의 12경맥과 도가의 기경팔맥(奇經八脈: 임任·독督·충衝(中)·대帶·음교陰蹻·양교陽蹻·음유陰維·양유陽維)의 학술이론에도 통하지 못하고, 더욱 중요한 것으로 불가와 도가, 이 양가와 관련된 심성 학문과 성명(性命) 학문의 진정한 이론을 이해하지 못하고 그저 오로지 병을 없애고 수명을 늘리며 장생불로하려는 목적만을 위해서, 필사적으로 기(氣)를 흡수하여 신(神)을 흥분시키고[吸氣提神] 수축하여 정(精)을 수련하는[收縮鍊精] 공부를 하기 때문에, 그렇게 오래 한 사람은 겉으로 보면 근골이 단단하고 강하고 머리는 백발인데 얼굴은 아이 같거나 붉은 빛이 얼굴에 가득한 느낌이 있습니다. 그래서 다른 사람이 보기에나 자기 스스로 믿기에 적어도 절반은 신선이 된 것 같습니다. 사실 훗날까지 수련하게 되면 열에서 여덟, 아홉은 뇌충혈(腦充血)로 사망하거나 반신 마비가 됩니다. 통속적으로 말하는 '주화입마(走火入魔)'에서의 '주화(走火)'가 바로 이러한 현상입니다. 영달을 추구하려다가 도리어 치욕을 당하고, 장수를 추구하려다 도리어 천수를 편안히 누리지 못하게 되니, 무엇 때문에 고생해왔을까요!

㉡ 어떤 사람이 신선이나 부처를 배우고 도술이나 불학을 연구하려면 무엇보다도 먼저 있어야 할 한 가지 인식, 그들의 학문과 수양의 방법들은 모두 높고 심원한 학술 이론이 풍부하다는 것입니다. 그들의

수양 효험은 이렇게 대단히 깊고 두터운 학술 이론으로부터 그 방법적 기초를 세운 것입니다. 뿐만 아니라 사람에 따라서 베풀고 증세에 따라서 약을 쓰며 오직 활용적인 지도가 있을 뿐 틀에 박힌 고명한 방법은 없습니다. 특히 도가는 천문·지리·물리·화학·심성수양·윤리도덕 등의 자연과학과 인문과학을 결합하여 철학의 형이상적인 최고 경계로 걸어 들어갑니다. 만약 도리에 통달하지 못하고 방문(旁門)의 작은 술법에 의거하거나 호흡을 수련하거나 혹은 수규(守竅: 미간의 중심, 단전, 중궁, 해저 등등을 지킴)하면서 그게 바로 무상(無上)의 비결이라고 여긴다면, 대단히 가소로운 일입니다. 사실 이러한 방법들은 모두 주의력을 집중시키기 위하여, 생리 기능의 일부분에 의식을 머무르게 하여 그것으로 하여금 본능의 활력을 일으키게 하는 것입니다. 단지 일종의 정신적인 자기 치료가 자연 물리 작용의 원리와 함께 생리 본능 활동을 자극하는 방법일 뿐 신선단결(神仙丹訣)이 모두 그 속에 들어 있는 것이 결코 아닙니다. 하물며 수행하는 사람이 노자(老子)의 청심과욕(淸心寡欲)과 나아가서는 청정무위(淸靜無爲)의 경계에 아직 도달하지 못했음에도 세간에서 뭔가 얻으려고 하는 공리(功利)적인 생각으로써 장생불사의 신선이 되고자 하는 욕망은 바로 급암(汲黯)이 한무제(漢武帝)에게 "속으로는 욕망이 많으면서 겉으로는 인의(仁義)를 베푼다[內多欲而外施仁義]."라고 한 말처럼 심리가 건전하지 못한 병폐입니다. 그러므로 이 단법을 수련하는 과정에서 혹은 생리변화로 인하여 심리적인 착각과 환각을 불러일으키거나 혹은 심리적인 환각으로 인하여 생리적인 변태를 일으켜서, 신경이상이나 정신분열에 이를 수 있는데, 통속적으로 이른바 마구니에 들어간 상황은 바로 이러한 원인으로부터 온 것입니다. 사실 마구니는 마음으로부터 짓고 요괴는 사람으로 말미암아 일어난 것으로, 모두 어리석은 사람이 스스로 문제를 일으킨 것입니다. 청(淸)대 시인 서위(舒位)는 여순양(呂純陽)의 시에 느끼는 바가 있어 말하기를, "본래 부귀란 꿈과 같으니 책을 읽지 않았던 신선은 없었네 [由來富貴原如夢, 未有神仙不讀書]"라고 했는데, 딱 이 도리의 주석으로 인용할 만합니다.

ⓒ 오류파(伍柳派)의 단법은 정(精)의 수련 작용을 매우 중요하게 여길 뿐만 아니라 오로지 생식 기관의 정충(精蟲)을 단약의 주요 성분으로 삼기 때문에, 그래서 혈을 누르고 정(精)을 모으는[捏穴撮精, 수음(手婬) 행위와 유사하거나, 혹은 교접하되 사정하지 않는 등의 방술이 이 오류파의 도 속으로 들어갔습니다. 남녀쌍수를 중시해서 그 행위의 모습이 『소녀경(素女經)』의 술법같이 된 것도 연정화기(煉精化氣)라고 부릅니다. 갖가지 명목으로 저마다의 문호(門戶)를 세워 오류파를 근거로 삼고서, 병을 없애고 수명을 늘리며 장생불로하기 위함인데도 오히려 병을 이루고 정기를 단련하다가 미치광이가 된 사람이 어느 곳에나 있습니다.

ⓓ 황로(黃老)의 도는 '겸양하게 자기 처신을 하고[謙抑自處] 세상을 구제하는 것[淑世]'을 주요 목적으로 삼고, 청정허무(淸靜虛無)와 무구무욕(無求無欲)을 도덕으로 삼습니다. 위백양 이하의 단법은 '마음을 깨끗이 하여 아무것도 없는 상태로 비워 둔다 [洗心退藏於密].'를 지극한 이치로 삼으며, '가득함을 지키면서 태평함을 보존하고 [持盈保泰] 영원히 존재하고 빛나는 생명의 빛을 보호하여 진리를 기른다 [葆光養眞]'를 신묘한 작용[妙用]으로 삼습니다. 그러나 명(明)·청(淸)에서 오늘날까

지의 오류파의 단도 입문자들은 대체적으로 오만 방자하고 소견이 좁고 답답하면서 신비롭고 어리석고 무지한 범위 속으로 들어가서 중국 문화 이면의 추하고 비루한 모습을 충분히 폭로했으니, 정말 몹시 탄식할 일입니다.

이 일파에서 유행하는 단법에서 그 첫 번째 갈림길이 정자와 혈액의 작용을 멋대로 인정하여 도가에서 말하는 정신(精神)을 정(精)으로 잘못 생각하고 있는데, 이것이 가장 근본적인 착오입니다. 일반인들이 정좌에 입문하면 당연히 다소간의 생리적 반응들이 모두 있기 마련입니다. 몸에서 기맥의 흐르고 통하는 것과 부분적인 근육들이 뛰며 움직이는 것을 느끼고는, 이를 단법의 효험으로 여기고 자기가 이미 임맥과 독맥이 뚫리어 통한 경지에 이르렀다거나 기경팔맥의 효과로 여기는데, 사실은 이러한 모든 것들이 정태적(靜態的)인 심리 상황에서 당연히 발생하는 생리 반응 현상으로 진기할 것이 조금도 없습니다. 단지 정태적인 수양의 초보적인 효력을 증명하는 것일 뿐입니다. 사실 독맥은 척수신경·중추신경 계통의 작용이고 임맥은 자율신경 계통의 작용입니다. 정(精)은 신장선(腎臟腺)과 성 기관 부분의 내분비 작용입니다. 견지신수(牽池神水)란 뇌하수체와 임파선 부분의 내분비 작용입니다. 만약 현대 생리 의학적 상식이 조금 있고 심리와 철학적인 교양을 갖추고 많은 과학 이론과 실험을 융회한다면, 이것은 평범한 일종의 건강양생 방법이며 모두 정신과 심리가 융합하는 작용이지 무슨 정통 단도 신선의 비밀이 결코 아니라는 것을 알 수 있습니다. 물론 현대 의학상에도 일부 학파들이 호르몬이나 혈청의 노화를 다시 젊음으로 되돌리는 것[返老還童]과의 관계를 한참 연구하고 있습니다만, 그러나 그것은 여전히 의학과학상의 실험 속에서의 이상입니다. 이는 뇌하수체, 태반에 각종 호르몬 주사를 하는 것과 마찬가지로서, 여전히 2천 여 년 전에 '방사'들이 추구했던 생명을 오래도록 유지시키는 사상 범위 내에 머물러 있고, 단지 사용하는 이론 명사, 모든 약물과 방법에 있어서 크게 다를 뿐입니다. 이로써 알 수 있듯이 인류의 지혜는 영원히 젊습니다. 이것은 인류 문화사에서 또 하나의 중대한 문제입니다.

요컨대 도가에서 제시하는 정·기·신은, 과학적인 관점과 인간 생명의 심신 관점에서 말하면, 형태 기능의 눈·귀·마음의 정신작용에 속합니다. 신(神)의 표현과 응용은 바로 눈빛과 시력의 기능이고, 기(氣)의 표현과 응용은 귀의 청각 기능입니다. 정(精)의 표현과 응용은 마음의 생각 운용과 신체의 본능 활력입니다. 만약 우주와 사람이 한 몸이라는 물리적 기능 입장에서 말하면 신·기·정 세 가지는 바로 빛(光)·열(熱)·힘[力]의 작용입니다. 철학의 이론 관념에서 말하면 도가에서 말하는 신(神)은 불가에서 말하는 성(性)에 가깝습니다. 도가에서 말하는 정(精)이란 불가에서 말하는 심(心)에 가깝습니다. 그러므로 당나라 시대에 번역된 불교 경전인 『능엄경(楞嚴經)』에는 '심정원명(心精圓明)' 등의 문구가 있습니다. 그런데 정액(精液)에서의 정(精)은 심리 욕망의 자극 때문에 일어난 성선 내분비와 심장 혈액순환과의 작용일 뿐입니다. 이는 도가의 광성자(廣成子)가 말한 "정서가 속에서 움직이면 반드시 그 정(精)을 요동시킨다 [情動乎中, 必搖其精]."와 꼭 같은 것으로 역시 그 도리입니다. 도가에서 말하는 기(氣)는 불가에서 말하는 호흡인 식(息)에 가까우며 후천생명의 신체 작용에 속할 따름입니다. 물리 세계 현상을 빌려서 비유한다면, 신(神)은 태양의 빛 에너지와 같은데, 이것은 세계 만유생명에게 에너지를 줍니다. 기(氣)는 태양의 빛 에너지가 지구에 닿아 복사되어 일어나는 증기와 같습니다. 정(精)은 태양이 만물에게 빛 에너지를 부여하여 생산되는 화합작용의 물질적 성과입니다. 그러나 이러한 설명은 정·기·신의 정황을 자세하게 설명할 방법이 없어 그것들을 빌려서 비유로 삼을 뿐이라는 것에 주의해야 합니다. 비유 자체는 유추하여 견주어 논함에 국한 될 뿐 결코 원래 사물의 본 모습이 아닙니다. 주(周)·진(秦) 시대에서의 도가 수련은 양신(養神)으로부터 시작하여 이미 정(精)과 기(氣)의 작용을 개괄하였습니다. 진(秦)·한(漢) 이후의 도가 방법은 양기(養氣)에 중점을 두었는데, 비록 양신을 말하는 사람들과는 약간 차이가 있었지만 형이상의 작용으로부터 형이하의 경계로 걸어 들어갔습니다. 송(宋)·원(元) 이후의 연정(煉精)은 더욱 아래로 내려가서 완전히 후천 형질 관념의 술법 속으로 떨어졌습니다. 형(形)과 신(神)이 관련된 도리는 그 범위가 아주 넓고 또 별개의 전문 주제이므로 잠시 더 이상 말씀드리지 않겠습니다.

이외에 덧붙여 정좌(靜坐)의 밀종 그리고 요가와의 관계를 한번 설명해보겠습니다. 정좌는 세칭 '책상다리를 하고 앉는 것[盤膝]'인데, 한(漢)·위(魏)이후 인도로부터 불교가 전해 들어온 선정(禪定) 수습의 방법으로서, 형체를 단련하고 심신을 다잡음[收攝]에 대하여 그로 하여금 정정(靜定)의 경계로 들어가게 하는 일종의 방편입니다. 이렇게 책상다리를 하고 정좌하는 방법은 원래 인도의 아주 오래된 요가 방법의 일종의 자세이며, 결코 불법의 궁극이 아니요 본래의 도가 신선 내단 수련

도법의 궁극도 아닙니다. 단지 모든 심신과 성명(性命)을 수양하는 데에 통용되는 자세와 방법일 따름입니다. 도가 입장에서 말하면 당·송 이상의 단경(丹經)에서는 정좌와의 관계에 대한 토론이 아주 적었습니다. 그렇지만 정좌는 일종의 도를 닦는 데 있어서 보조적인 방법으로서 보편적으로 이용할 수 있는 양호한 수양 방법이라는 점은 조금도 의심할 바 없습니다. 만약 정좌를 신선 수도나 불학 선종의 선(禪)과 동일시한다면 그것은 잘못입니다. 송·원 이후에 이르러 티베트로부터 들어온 불교의 밀종도 도가처럼 기맥수련과 낙(樂)·명(明)·무념(無念)에 도달하는 증험 공부를 중시하였는데, 본래 불학에서도 강구하는 수양의 일종의 가장 좋은 방법으로서, 형이하로부터 형이상을 증득하는 실제 공부 방법이었습니다. 그러나 명·청에 이른 이후 도가의 단법처럼 대체적으로 이미 형질적인 효용[形質功效]을 중시하는 범위로 걸어 들어가서 기맥수련만을 중시함으로써, 원래의 묘밀(妙密)과 비교하면, 승화로부터 타락으로 변하는 추세였습니다. 요가술의 최고 성취의 가치는 겨우 도가의 도인양생파(導引養生派)의 내공수련과 다름없고 더더욱 지고무상의 법문은 아닙니다. 왜냐하면 일반적으로 단도를 연구하는 사람들이 종종 정좌·밀종·요가술의 몇 가지 세계적인 비슷한 수양 방법을 서로 뒤섞어서 그 궁극적인 것을 모르고 있기 때문에, 여기서 도리에 맞게 약간 언급함으로써 연구자에게 유의하도록 제공합니다. 신선을 배우든 부처님을 배우든 양생전진(養生全眞)의 도를 얘기하면 모두 청심과욕(淸心寡欲)으로부터 시작하여 적멸무위(寂滅無爲)에 도달하는 것을 궁극으로 삼습니다. 도교의 『청정경(淸靜經)』에서 "사람이 항상 청정(淸靜) 속에 있을 수 있다면 천지만물이 모두 사람의 본성으로 되돌아간다

[人能常淸靜, 天地悉皆歸]."고 한 말 바로 그대로입니다.

하지만 현실 세계 속의 인생은 공자가 "음식남녀는 사람의 크나큰 욕망이 있는 곳이다 [飮食男女, 人之大欲存焉]" 고 한 말 꼭 그대로입니다. 고자(告子)도 말하기를 "식욕과 색욕은 인간의 본성이다 [食色性也]."고 했습니다. 사람들이 색욕과 음식에 대하여 추구하고 아울러 부귀공명을 누리기도 탐내면서 '정(情)을 떠나고 욕심을 버려서 속박을 끊는 경지 [離情棄欲, 所以絶累]'까지 도달하고 싶어 한다면 일반인으로서는 불가능한 일입니다. 제가 어떤 기록에서 다음과 같은 이야기를 본 기억이 납니다.

명대(明代)의 한 거공(巨公)39)이 듣기를, 어떤 수도인이 한 경지에 이르렀는데 나이가 이미 90여세 이지만 바라보기에는 40세 정도의 중년이라고 했다. 그를 초청해서 장생불로의 도술에 대하여 물었다. 그 도인은 말했다. "저는 일생동안 여색을 가까이 하지 않았습니다." 이 거공은 듣고 말했다. "그럼 무슨 재미가 있어요? 저는 배우지 않겠습니다."

이 이야기는 일반 사람들의 심리를 대표합니다. 그러므로 고금의 많은 명사들이 유유자적하는 신선을 반대하는 많은 시를 지었는데 이렇습니다.

항아는 틀림없이 몰래 영약을 훔쳐간 것을 후회하리
푸른 바다 푸른 하늘에서 밤마다 마음속에 생각하리.
姮娥應悔偸靈藥,
碧海靑天夜夜心.

---

39) 황제의 별칭. 큰 인물.

또 이런 시도 있습니다.

이 천한 몸의 지아비는 참으로 운명이 기구하여
불행하게도 신선이 되었네.
妾夫真薄命, 不幸做神仙.

　이게 모두 보편적인 심리반응입니다. 이것은 "이불 겨우 따뜻해진 새
벽에 조회 출석 준비하네 [辜負香衾事早朝]"와 마찬가지로 남녀음식을
중시하는 것이 바로 인생의 진실한 의의라는 생각으로서, 한 수레에서
나온 바퀴 자국처럼 똑같습니다. 그러나 그 반대로 말해서 신선이나 부
처의 도는 확실히 쉬운 일이 아닙니다. 단도가가 신선 방술을 수련할
사람을 선택할 때 생리적인 면에서의 선천적 바탕을 대단히 중시하였습
니다. 이른바 "이 몸이 신선의 골상이 없다면 설사 진짜 신선을 만났더
라도 함부로 추구하지 말라 [此身無有神仙骨, 縱遇真仙莫浪求]." 당대(唐
代)의 명신 이필(李泌)은 타고날 때부터 골격이 훌륭했습니다. 그렇지만
나잔(懶殘) 선사는 그에게 10년 동안의 태평 재상의 골상(骨相)만 있다
고 허락했습니다. 마의도자(麻衣道者)는 말하기를 "얕기가 물과 같고 그
대에게는 신선의 골상이 없네. 그렇지만 벼슬은 공경까지 될 수 있겠
다!" 두보(杜甫)의 시에서는 말하기를 "그대의 몸에는 신선의 골상이 있
지만 세상 사람들이 그 까닭 어찌 알겠는가 [自是君身有仙骨, 世人哪得知
其故]?"라고 했습니다. 이는 불가에서 말한 "불법을 배움은 대장부의 일
이지, 왕후장상이 할 수 있는 바가 아니다 [學佛乃大丈夫事, 非帝王將相
之所能爲]." 꼭 그대로로서 똑같이 의미심장한 말입니다.
　요컨대 정좌는 심신에 대한 유익한 수양 방법입니다. 만약 정좌를 도

를 배우는 것이라고 생각한다면, 그것은 따로 논해야 합니다.

『대일경』은 어떠한 경전인가

동국역경원 2007년 2월 26일 초판 1쇄
『대일경』해제를 전재하였음

1. 『대일경』의 개략적인 내용

『대일경大日經』은 『대비로자나성불신변가지경大毘盧遮那成佛神變加持經』을 줄인 명칭이다. 산스크리트 명칭을 풀이하면 대비로자나불이 3밀요가로 성불하여 가지加持의 세계로 중생을 이끌어 나가는 가르침을 설한 것이다.

『대일경』의 성립지는 중인도 나란다설과 서인도의 라타 지방설, 남인도설, 아프가니스탄의 카피샤 지방설, 북인도설 등이 있다. 이 경은 동인도의 오릿사Orissa, 비하르Bihār 등지에서 유행했을 것으로 추정되며, 8세기 초 카시미르 산주 민족들 사이에까지 전파되었다.

『대일경』은 인도에서 밀교의 발전이 절정을 이루던 7세기 무렵 『금강정경金剛頂經』과 함께 성립된 것으로 보인다. 둘 중에 일찍 성립된 것은 『대일경』으로 이 경은 본격적인 밀교경전의 효시이다. 우선 종래의 잡밀계의 경궤에 등장하지 않거나 거의 언급되지 않았던 비로자나불毘盧遮那佛 또는 대일여래가 제존諸尊을 망라하여 총괄하는 만다라曼茶

羅의 중앙에 위치하게 되었다.

이 대일여래의 특징은 석가여래 · 아미타여래 · 약사여래 등과는 달리 우주에 변만한 진리의 당체當體, 또는 진리의 영역을 의미한다. 형상도 종래의 세속을 버린 석존, 또는 32상相을 갖춘 여러 여래와 달리 화려한 왕관 · 팔찌 · 영락瓔珞 등 장신구로 치장된 모습을 보이고, 선정인禪定印을 하고 있으며, 정지성과 집중성을 상징한다. 이 『대일경』이 표현하는 세계를 태장만다라胎藏曼茶羅, 또는 대비태장만다라라 부른다. 태장胎藏이란 어머니의 자궁子宮처럼 여러 가지 것들을 태어나게 하는 근원을 의미하며, 동시에 여래의 자비의 근원으로부터 모든 제신들이 그 모습과 형태를 변해 나투어 우리들을 구제해주는 것을 상징하고 있다.

이 경의 서품격인 「주심품住心品」에서는 집금강비밀주의 질문에 비로자나여래가 답하는 형식을 빌려 절대의 지혜[一切智]를 획득하는 방법과 그것에 대한 이론적인 근거를 설하여 보여준다. 「주심품」만을 보았을 때는 대승불교의 요소를 많이 함유한 미성숙의 밀교경전으로 간주할 수 있다. 먼저 처음에 비밀불교의 근본불인 대일여래의 깨달음이란 과연 어떤 것인가를 여실히 설명하고, 제2품 「구연품具緣品」 이하에서는 실제 수행과 관련된 내용이 설해진다. 즉, 결인법, 진언의 염송법 및 존격[尊] · 상징[三] · 범자[種]에 의한 세 종류의 만다라 묘사법 등 밀교의 3밀행에 관한 중요한 내용이 망라되어 있다. 호마법 · 공양법 · 관정법 등도 설해져 있으며, 이러한 점에서는 내용이 정비된 수준 높은 밀교경전으로 인정된다. 이것은 깨달음의 경지에서 갖가지 모양의 중생을 섭화攝化하기 위해 여러 가지 모양의 불신佛身을 시현하고, 여러 가지 양상의 설법을 하고, 진언 · 만다라 등의 갖가지 모양의 현상적인 것에 의탁해서 갖가지로 마음을 전개하는 참된 모습을 보이는 것이다.

물론 이것은 대일여래의 성도成道와 신변神變, 다시 말하면 자증화타自證化他의 두 방면을 드러내기 위한 것에 지나지 않지만, 그 중심에 흐르고 있는 주요한 사상은 반야와 방편을 수레의 두 바퀴, 새의 양 날개와 같이 떨어질 수 없는 것으로 강조하는 것이며, 부처의 목적은 중생섭화에 있는 까닭에 그 중생을 이익되게 하는 데에 주력하는 것 등이다. 이 포용사상 위에서 바리문교 등에 기초한 민간신앙 등도 자유롭게 섭취하여 반야와 방편의 근본사상을 교묘히 정화해 체계를 세운 것이 『대일경』이다.

2. 『대일경』의 역자와 주석서

『대일경』은 7권 36품品으로 구성되어 있고, 그 가운데 31품은 전 6권에 수록되어 있으며, 나머지 5품은 제 7권에 있다. 앞의 6권은 장안長安의 화엄사華嚴寺에 소장되어 있던 범본梵本 가운데에서 찾아내어 선무외 삼장善無畏三藏이 번역한 것인데, 이때 사용된 원본은 7세기 말 북인도에서 객사한 무행無行이 전해준 것이라 한다. 제7권은 삼장三藏이 북천축北天竺에서 구해 온 것으로 앞의 6권 가운데 태장법胎藏法의 수행의 차제작법次第作法을 기술한 것이다. 한역 『대일경』은 7권으로 성립되어 있지만 제7권은 그 공양의궤에 지나지 않는 것으로 제6권에 따라 편성되어 있다. 티베트 역으로는 9세기 초 쉬렌드라보디Śīrendrabodhi와 펠첵Dpal-brtsegś의 공동 번역이 있다. 티베트 역에서는 한역의 6권에 상당하는 부분을 7권 29품으로 하고, 한역과 다른 의궤 7품을 덧붙였다(北京 No. 126). 티베트 역의 기본 범본은 한역보다도 새로운 것으로 보인다. 그러나 『대일경』은 만다라행이나 유가관법에 있어서는 연이어 성립되는 『금강정경』에는 못 미친다. 『금강정경』에 흡수되어 버린 꼴이 되어 인도에서 성행한 기간이 비교적 짧았으므로 그 범본은 현존하지 않는다.

이 『대일경』을 당나라에서 번역한 이는 인도에서 온 선무외(善無畏, Śubhakarasimha :637~735)로 그는 개원開元 12년(724)에 제자 일행一行의 도움을 얻어 한역하였다. 범어 명칭인 슈브햐카라 Śu-bhakara는 슈브하까라상하Śubhakarasimha로서 한역漢譯하여 선무외善無畏라고 한다. Śubhakara는 깨끗한[淨], 결백한[白] 또는 착한[善]이라는 뜻으로 풀이할 수 있고, simha는 사자獅子를 말하는데 한역하여 선무외라고 한 것은, 사자가 동물의 왕으로서 모든 것에 두려움이 없다는 데서 이렇게 번역한 듯하다. 그래서 선무외가 번역한 경전에는 선무외, 또는 슈바가라(Śubhakara, 瑜波迦羅)의 역으로 기록된 것이 많다.

그는 인도 마가다 국왕의 혈통으로 아버지는 불수왕佛手王이었다. 13세에 왕위를 이어받아 신하와 백성의 지지를 받았지만, 형들이 반란을 일으켜서 이를 정벌할 때에 날아오는 화살에 머리를 상하였다. 형들에게 나라를 나눠주고 불도에 입문하여 각지를 순력하였는데 명성이 전 인도에 퍼졌다. 나란다 사에서 다르마굽타Dharmagupta로부터 밀교를 배웠으며, 즉시 관정을 받아 천계와 인간계의 스승으로 숭앙되었다. 스승의 명을 받들어 원전을 지니고 중앙아시아를 통해 716년 당나라 장안에 이르렀다. 당나라 황제였던 현종玄宗은 그를 국사로 영접하고 흥복사 남탑원에 머물게 하였다. 이후로부터 장안과 낙양에서 역경에 종사하여 제자 일행과 함께 『대일경』 7권을 비롯하여 『대일경소大日經疏』를 강의하고, 『허공장구문지법虛空藏求聞持法』 1권, 『소실지갈라경蘇悉地羯羅經』 3권, 『소바호동자경蘇婆呼童子經』 3권 등 수많은 비밀경전을 번역하였으며, 여러 제자들에게 비밀법을 전수하였다고 한다. 그의 제자 가운데에는 특히 신라의 승려가 많은데, 현초玄超·의림義林·불가사의不可思議와 중국인 제자로서 일행一行이 대표적이다.

사문 현초 아사리阿闍梨는 다시 『대비로자나대교왕경』 및 『소실지경』의 가르침을 청룡사 동탑원의 혜과 아사리에게 전법 부촉하니, 혜과 아사리가 또 성도부의 유상 스님과 변주의 변홍, 신라국 혜일·오진, 그리고 일본의 공해空海에게 각각 전법 부촉하였다. 그리고 의림은 다시 순효順曉에게 비밀법을 전하고 순효는 일본 천태종의 개조인 최징最澄에게 법을 전함으로써 선무외의 교법은 중국만이 아니라 신라와 일본 등에까지 널리 전해질 수 있었다.

일행(一行, 683~727)은 중국의 밀교를 대성한 승려이다. 속성은 장씨張氏이고, 이름은 수遂이며, 시호는 대혜 선사大慧禪師이다. 유년시절부터 총명하여 기억력이 뛰어났는데, 21살 때 부모를 잃고 형주荊州의 경 선사景禪師에게 출가하여 숭악崇岳의 보적普寂으로부터 선을 배웠다. 예종睿宗이 즉위(720)하여 불렀지만 병을 핑계대고 거절하였으며, 당양산當陽山에서 혜진惠眞으로부터 율律과 천태天台를 배우고, 율과 모든 경론 중의 요문要文을 모은 『섭조복장攝調伏藏』 10권과 주석서를 지었다. 716년에 중국에 온 선무외에게서 태장법胎藏法을, 720년에 중국에 온 금강지金剛智에게서 다라니陀羅尼의 비인祕印을 전수받았다. 선禪 · 율律 · 원圓 · 밀密의 불교만이 아니라 도교를 수학하고 천태의 포산布算으로부터 수학數學과 역학曆學을 배웠다. 현종玄宗은 그 이름을 듣고 조정으로 불러서 궁정에서 액난을 없애는 기원을 담고 기도하였으며, 또한 『대연력大衍曆』 52권을 저작하였으며, 새로운 『황도의黃道儀』를 완성하였다. 724년 선무외의 『대일경』 번역에서는 역장에서 스승의 구술口述을 필기하고, 주석서인 『대일경소大日經疏』 20권을 완성하였다.

이 경의 주석서 『대일경소』를 비롯하여 『대일경소』를 다시 지엄智儼과 온고溫古 등이 교정한 『대일경의석大日經義釋』 14권이 있다. 그리고 8세기 무렵 붓다구희야Buddhaguhya가 『대일경』의 요점을 서술한 주석서인 『요의석要義釋』과 『광석廣釋』을 저술하였으며, 이것들이 티베트어로 번역되어 전한다. 특히 신라의 불가사의不可思議가 제7권의 공양법에 대해 주석한 『대비로자나공양차제법소』는 한국인에 의한 본격적인 밀교 논서로서 최초의 것이다. 이외에 일본에서는 공해空海를 비롯한 수많은 밀교 승려들에 의해 『대일경』과 『대일경』관련 논서에 대한 주석서가 제작되었다.

3. 『대일경』 36품의 내용

1) 입진언문주심품入眞言門住心品

이 품은 『대일경』 전체의 서품序品에 해당하며 경의 대의大義라고 할 수 있는 정보리심淨菩提心을 밝히고 있다. 품명에 보이는 진언문이란 여래삼밀의 법문을 바르게 수행하는 것을 의미한다. 즉 만다라 제존 가운데 한 분의 3밀을 수행하고 오랜 수행 끝에 여래의 무량한 공덕을 현재의 몸으로 체득하는 것을 말한다. 그리고 주심住心이란 중생 자심自心의 실상인 일체지지一切智地에 안주한다는 뜻이다. 일체지지란 제법의 실상을 여실하게 알고자 하는 마음의 묘용妙用을 가리킨다. 이 일체지지를 체현하는 사람을 일체지자一切智者·일체견자一切見者·일체각자一切覺者라고 이름한다.

이 품 가운데에 3구句·8심心·60심心·3겁劫·6무외無畏·10지地·10유喩 등이 설해져 있다.

이 3구·8심 등은 자심의 여러 가지 상들을 열거한 것이며, 이것을 총체적으로 일괄한 것이 연화태장만다라이다. 연화태장만다라는 우리 범부심凡夫心의 실상으로서 우리 마음의 실상을 표현한 것이다.

2) 입만다라구연진언품入曼茶羅具緣眞言品

이 품에는 주로 7일작단법日作壇法을 보이고 있다. 태장만다라胎藏曼茶羅의 조단법造壇法은 이 품에서 설한 것이 주요한 표준을 이루고 있고, 만다라의 기초지식은 이 품의 경經과 소疏에서 찾을 수 있다.

입入이라는 것은 취향趣向·인입引入의 의미이고, 만다라라는 것은 도량道場의 의미이다. 구연具緣이란 인연을 구족하였다는 뜻이다. 도량을 구성하는 것에는 토지를 선택하고, 그 토지를 치정治淨하며 길일吉日과

양진良辰을 택하는 등의 여러 인연을 갖추지 않으면 안 된다. 이러한 여러 인연에 모든 여래의 진실언眞實言으로 가지加持해서 신령스럽게 변화시켜 이루어지는 것이기 때문에 「입만다라구연진언품」이라고 이름한 것이다. 이 품에는 한결같이 7일 작단의 사업관정의 궤칙이 설명되어 있다. 여래가 지분생支分生의 만다라를 드러내어 비밀심지의 체성을 밝고 아름답게 이룩한 것은, 미래의 중생을 위해 도화만다라를 구성하는 모범을 보인 것이다.

대지를 선택하고 단을 조성하는 것은 7일 동안 행하여서 이루어지는데, 제3일부터 존위尊位를 정하고 제6일에는 제자를 호지護持하는 법, 말하자면 삼매야계三昧耶戒를 짓고, 제7일 밤에 이르면 바르게 존상을 그려서 제자를 입단시켜 관정을 행하는 것이다.

이 7일작단관정을 수단방편으로 해서 제자로 하여금 결국 마음 안 본지本地의 만다라에 증입하게 하는 것이다. 마음 안 본지의 만다라라고 하는 것은 비밀만다라라는 명칭으로, 경에서는 내심묘백련內心妙白蓮이라고 설해지고, 『대일경소』에서는 중생의 본심本心이라 설해지고 있다. 이와 같이 만다라를 중심으로 한 실천수행법이 강조되고 있는 이 품의 내용은 『대일경』을 밀교경전으로 분류할 수 있게 하는 근거가 되고 있다.

3) 식장품息障品

식장息障에서 식은 지식止息을 의미하고, 장은 장애障礙를 의미한다. 말하자면 내외內外 두 종류의 장애를 식제息除하는 것이 이 품의 본지이다. 진언을 수행하는 아사리, 또는 제자가 만다라를 그리거나 진언을 지송할 때 여러 가지 장애와 어려움이 나타나는 수가 있으므로 그 장애를 제거하는 방법을 제시하고 있다. 각종의 장애들은 모두 수행자의 마음에서부터 발생하는데, 이 장애의 진정한 원인이 되는 것인 인색·탐욕·삿된 견해 등이다. 이러한 번뇌들을 제거할 때 모든 장애와 어려움들도 스스로 제거된다.

이 장애의 원인과 대치하는 것이 보리심菩提心이다. 선무외는 그 방법으로 아자阿字와 수미산을 관상하여 일체의 공성을 체득하여야 한다고 강조하였다.

4) 보통진언장품普通眞言藏品

이 품에서는 모든 수행에 핵심적으로 통하는 모든 진언을 거의 모두 망라하고 있다. 보통普通이라는 것은 두루 통한다는 의미이다. 이 품에서 밝히고 있는 진언은 모든 방편에 두루 통하는 것이므로 보통 진언이라고 한다. 장藏은 함장 구족되어 있다는 의미로서 보통진언을 함장하고 있다는 뜻이다.

이 품에서 다양한 존격들이 등장하는데 집금강 가운데는 금강수가 상수이고, 보살 가운데는 보현보살이 상수가 되어서 대일여래 앞에 나아가 머리를 조아리고 예를 올리며 대비태장생만다라왕에 있어서 자심自心에 통달한 청정법계의 법문法門을 연설해 주실 것을 청한다.

이러한 각각의 보살이 대만다라왕의 청정법계의 바탕을 각각 이해하고 증험하는 것을 설하는 품이므로, 만약 수행자가 보살들이 나타낸 진언을 지송하면, 그 일문一門의 법으로부터 마침내는 무진법계보문의 대만다라왕 가운데로 들어갈 수 있다고 설한다.

5) 세간성취품世間成就品

출세간의 성취란 불과佛果를 얻는 것이다. 그렇지만 그 경지는 사람의 지혜를 초월하여 있기 때문에 세간의 유위有爲이며 유상有相인 일에 기탁하여 법계의 신비를 보이는 것이, 즉 세간의 실지법悉地法이다. 세간유상의 실지란 식재息災・증익增益・경애敬愛・항복降伏 등으로 이러한 세간의 실지 성취를 밝힌 품이다. 출세간의 깊은 비밀의 보장寶藏은 언설로써 인간에게 보이기 어려우므로 세간의 유위有爲・유상有相의 모양에 따라 임시로 적어서 법계장 중의 미묘한 심의를 비유하여 설시하고 있다. 만일 이러한 세간의 사상事相에 통달하면, 여래의 신력가지에 의해서 드디어 출세간의 실지에 도달할 수 있다는 것이다.

6) 실지출현품悉地出現品

실지悉地란 염원 성취의 뜻이다. 여기에 세간과 출세간의 두 가지가 있는데, 「세간성취품」에서는 세간의 염원성취의 방법을 밝혔고, 지금의 품과 다음의 품에서는 출세간의 염원성취 방법을 보이고 있다. 출현이란 성취의 상을 현현한다는 의미이다. 세간과 출세간의 모든 성취의 상은 모두 다 여래의 가지호념의 힘에서 생겨나는 것이다.

7) 성취실지품成就悉地品

이 품의 중요한 뜻에 관해서는 다음과 같은 세 가지 설이 있다.

① 앞의 두 품은 세간·출세간의 실지를 밝혔고, 지금의 품은 수행하여 들어가는 방법을 밝힌 것이다.
② 앞의 두 품은 실지의 공덕을 설하였고, 이 품은 실지를 출생하는 심법心法을 밝힌 것이다.
③ 아 품에서는 5자엄신관5字嚴身觀이 명시되어 있으므로 색신色身의 성취를 밝힌 것이고, 이 품에서는 보살의 의처意處를 만다라로 삼는 까닭을 밝히기 때문에 심법의 성취를 보인 것이다.

8) 전자륜만다라행품轉字輪曼茶羅行品

다라니를 순서대로 돌려서 관하며 진언을 지송하는 것을 만다라행曼茶羅行이라고 한다. 앞 품에서는 내심內心을 성취하는 상相으로서 아자阿字를 관하고, 이 품에서는 아자를 백광변조왕百光遍照王으로서 관한다. 즉 아자의 광명이 백천만억의 자문字門으로 나타나고, 또 그들 백천만억의 자문은 애阿 한 글자에 들어온다는 뜻을 밝히고 있다. 전轉이란 선전旋轉의 의미로, 곧바로 다라니를 바르게 선전해서 관송觀誦한다는 의미인데, 이렇게 다라니의 자륜字輪을 돌려서 관송하면 곧바로 만다라행을 보게 된다는 것이다. 즉, 수행자가 아자를 심안心眼으로 보고, 또 입으로 송하면서 보리심의 의미를 관할 때에는 이것이 바로 삼매문을 관하는 것이라고 말한다.

9) 밀인품密印品

이 품에서는 많은 수의 존명尊名을 들고 있으며, 그들에 관한 인印과 진언에 대해 설명하고 있다. 밀은 비밀祕密이고, 인은 표치標幟로서 밀인이란 바로 법계만다라의 표시이다.

모든 부처님은 이 법계표시의 밀인을 가지고 몸을 장엄하기에 여래의 법계신을 이루는 것이 가능하다. 진언수행자가 이 밀인을 가지고 자신을 가지면, 여래의 법계신과 다름이 없으며 8부의 중생들에게 공경받으며, 그들은 수행자의 교명敎命에 따라서 기쁘게 활동한다고 설한다.

10) 자륜품字輪品

자륜 가운데 자字라는 것은 유전流轉이 없다는 의미도 있고, 움직이지 않으면서 개전開展한다는 뜻도 있다. 륜輪이란 전轉의 의미로 세간의 수레바퀴가 구를 때에 일체의 초목류를 절단하듯이, 이 자륜도 일체의 무명 번뇌를 부순다. 또한 부동의 의미도 지니는데 부동이란 바로 보리심을 지칭한다.

대일여래는 보리심의 체성에 머물고 종종 시현해서 중생을 이롭게 하고, 현상계에 드리운 모습은 광대무량하여 다함이 없다. 더구나 실체는 상주부동하여서 일어나거나 사라지는 모습이 없은 것이 흡사 수레바퀴가 굴러감이 끝이 없는 것과 같다. 더욱이 수레바퀴는 바퀴축을 중심으로 회전하지만 바퀴축 자체는 움직이지 않으면서 주변의 회전을 통제하고 궤도를 이탈하지 않게 하는 것같이, 보리심의 아자阿字도 스스로는 부동이면서 능히 일체의 여러 종자를 만들어낸다.

종자는 아자를 중심축으로 한 바퀴살과 같은 것인데, 말하자면 아자의 변형에 다름 아니다. 이 같은 종자륜을 경에서는 변일체처偏一切處의 법문이라고 부른다.

수행자가 만약 이 자륜관에 머물면 처음 발하는 정보리심淨菩提心부터 성불에 이르기까지 그 중간에 행하는 자리이타의 각종 사업은 이 법문의 가지력에 의해 모두 성취하게 된다고 설명한다.

11) 비밀만다라품祕密曼荼羅品

비밀祕密 가운데 비祕는 심비深祕, 밀密은 은밀隱密의 의미이다. 비밀만다라라고 하는 것은 자륜삼매字輪三昧를 가리킨다. 대일여래는 여래의 혜안慧眼을 가지고 변일체처의 법문을 관찰하고서 법계에 들어가 그 삼매 중에 법계의 무진장엄을 보이고 모든 중생계가 이익되게 할 만한 것을 보내주신다. 그때 끝없는 중생계에서 여래는 낱낱의 모공에서 종류에 따라 다양한 모습을 나투지만 결국은 하나의 언어로서 여래의 설법을 베풂과 동시에 자륜을 가지고 여래 비밀내증祕密內證의 덕을 드러내 보인다.

12) 입비밀만다라법품入祕密曼荼羅法品

앞의 품에서는 소입所入의 법체法體를 밝혔고, 이 품에서는 능입能入의 수행자가 비밀만다라법에 통달하여 깨달아 들어가는 것에 이르는 방편을 밝히고 있다. 아사리는 수법의 제자를 비밀만다라에 들어가게 하기 위해 자문字門의 법교法敎를 가지고 제자의 업장業障을 다 태우고 비밀만다라에 들어가 금강법성의 새로운 싹을 자라나게 하는 법칙이 명시되어 있다.

13) 입비밀만다라위품入祕密曼茶羅位品

이 품에는 제자가 입단한 후에 법·불 평등의 대공위大空位에 안주하는 요지가 밝혀져 있다. 이른바 만다라위란 의생意生의 8엽대연화왕을 의미한다. 이곳은 소입所入의 위치이며, 능입能入이 되는 것은 금강의 지체智體이다. 즉 진언수행자가 온갖 망집을 모두 깨끗이 제거하고 내심에 의생의 8엽대연화왕을 현관하는 것을 밝힌다.

14) 비밀팔인품祕密八印品

비밀팔인이란 대위덕생大威德生·금강불괴金剛不壞·연화장蓮華藏·만덕장엄萬德莊嚴·일체지분생一切支分生·세존다라니世尊陀羅尼·여래법주如來法住·신속지迅速持의 여덟이다.

수행자가 비밀만다라에 들어가 안주해도 만약 감응이 없으면 본존이 도량에 강림하지 않는다. 본존이 강림하지 않는 도량에서는 어떤 행사를 하여도 염원을 성취할 수 없다. 그러니 이 비밀팔인과 진언으로 가지하면 본존은 그 가지의 묘력에 의해 자연히 도량에 강림하고 수행자의 원을 만족시킨다고 설한다.

15) 지명금계품持明禁戒品

지명持明이란 6월 지명을 가리키고, 금계禁戒란 6개월의 진언을 지송하는 기간 내에 지켜야 하는 제계制戒를 의미한다. 금계의 금禁은 금제로써 방종하지 않는다는 의미이고, 계戒는 계를 신봉하여 비행을 일삼지 않는다는 의미이다.

6개월 동안 지송하는 수행에는 비행을 방지하고 악을 그친다는 의미가 있기 때문에 지명 자체가 바로 금계라고 말하는 것이다. 원래 계에는 제계 외에 본성계本性戒가 있는데, 이 품에서는 보리심을 근간으로 하여 전개되는 본성계를 중시한다.

16) 아사리진실지품阿闍梨眞實智品

진실지란 아자阿字에서 출생한 지智로서 본유의 묘지妙智를 의미한다. 이것은 자āā성청정을 내증內證한 진실심이다. 이 품에서는 아자에서 생겨나는 마음을 아사리의 진실지라 하며, 아자를 변일체처 만다라의 진언종자로 간주하고 있다. 이 진실지와 변일체처의 법문과 상相이 일치하는 곳에 법계만다라가 건립되는 것이다.

17) 포자품布字品

수행자 몸의 상·중·하 각 지분에 종자를 포치하는 것이 이 품에서
밝혀져 있다. 이것은 모든 여래의 힘을 그 몸에 구비하기 위해서이다.
수행자는 아자 정보리심에 머물러 모든 자문을 몸의 지분에 포치하는
것에 의해 수행자의 한 몸이 법계만다라로 되며, 법계탑이 된다는 것을
의미한다.

18) 수방편학처품修方便學處品

여기에서 방편은 지혜방편을 갖추는 것이며, 학처는 계법戒法의 학습
을 의미한다. 즉 이 품은 지혜의 방편을 갖추고 계법을 실천해가는 데
대해서 설한다.

밀교의 계에는 두 가지가 있는데, 하나는 제계制戒이고, 둘째는 방편
금계方便禁戒로서 진언행을 하는 보살이 마땅히 배워야할 처處의 일이
며, 범어로는 식사가라니(式沙迦羅尼, Śiṣākaranī)라 한다. 그 계상戒相
은 5계戒·10선계善戒·4중금계中禁戒 등이 있으며, 이 품에서는 그
방편학처方便學處가 명시되어 있다.

19) 백자과상응품百字果相應品

이 품에서는 대일여래가 다라니형陀羅尼形으로 불사를 나타내고 일
체 중생 앞에서 불사를 베풀며 삼삼매야구三三昧耶句를 연설하는 것을
밝히고 있다. 앞 품에서는 백광변조왕법百光遍照王法의 수행의식을 설

했으며, 이 품에는 백광변조왕의 과지果地의 만덕을 밝히고 있다. 경에 대지관정大智灌頂이라 함은 제11지 등각等覺의 위에서 금강살타가 시방삼세의 제불로부터 관정을 받아 3계의 법왕자法王子의 자격을 얻은 위치를 의미한다.

20) 백자위성품百字位成品

앞의 제19품에서는 암자暗字의 자체字體를 밝히고, 제20품에서는 암자문暗字門과 3밀이 상응한 공덕을 나타내고, 이 품에서는 백자성취百字成就의 상을 보이고 있다. 수행자가 암자暗字의 가지에 의하여 의생意生의 8엽연화대 위에서 삼삼삼매야三三昧耶에 안주하고 금강미묘의 극위極位를 증득하는 것은 신비 중의 최고의 신비, 얻기 어려운 것 중에 최고의 어려운 것이라고 밝힌다.

21) 백자성취지송품百字成就持誦品

백광변조왕의 암자문에서 지송해야 할 법칙이 이 품에서 설명되고 있다. 백자성취지송의 힘에 의해 번뇌의 몸과 청정한 몸이 평등하여 다름이 없고, 또 물든 마음과 깨끗한 마음이 평등해서 둘이 아님을 증득하여서 그 평등법계에 의해 정식情識으로 보는 견해의 어두움을 제거하고 지혜의 광명을 일으켜 시방세계에 두루하게 항상 불사를 행하는 것이다.

23) 백자진언법품百字眞言法品

암자暗字의 자체인 아자阿字의 덕을 설명하고 있다. 모든 법의 실상을 개시하는 것은 궁극적으로 아자의 체득에 있다. 따라서 아자는 본존이다. 수행자가 아자로써 모든 법을 가지해서 무상정등각無上正等覺을 이루는 것은 모든 법을 가지해서 아자의 대공삼매大空三昧에 들어가는 것과 동등한 것이 된다.

아자는 본디 생겨남도 없으며 얻을 수도 없는 공空의 의미이다. 제법은 본래 불가득공이기 때문에 진언독송을 듣고, 그 본성이 공함을 깨달았을 때에 무량한 진언의 심오한 뜻을 이해하여 수행자의 마음이 아자의 의미와 상응하면 모든 법의 궁극까지 체달하여 보편적으로 일체 제법을 통달할 수 있다.

24) 설보리성품設菩提性品

이 품은 『대일경』의 근본이 되는 요의要義를 밝히고 있다. 요의란 법으로서는 정보리심淨菩提心, 인人으로서는 태장만다라 중대심왕中臺心王인 대일존을 가리킨다. 보리의 성품은 허공의 상相이 항상 모든 곳에 두루하면서도 의지하는 바 없는 것처럼, 진언구세자眞言救世者인 대일존도 의지하는 바 없는 것이 허공과 같다. 대일존은 모든 법의 의지처가 되고, 일체 만유의 근원이 되지만, 그 자신은 의지하는 바가 없기 때문에 무소의無所依라 칭한다.

25) 삼삼매야품三三昧耶品

삼삼매야는 3평등의 의미이다. 심心과 지智와 비悲는 평등하여 하나이기 때문에 삼삼매야라 부른다. 또한 불·법·승도 셋이면서 하나로 평등하기 때문에 삼삼매야라고 하고, 법신法身·보신報身·응신應身도 셋이면서 본래가 평등한 것이기에 삼삼매야라 칭한다. 마음·부처·중생의 셋이 다르지 않음을 깨닫는 것도 역시 삼삼매야의 의미이다. 이들이 일여일체一如一體가 된 것을 3평등이라 한다.

26) 설여래품說如來品

이 품에서는 보리·불·정각·여래의 네 가지를 밝히고 있다. 불은 보리를 증득하여 이룬 자를 말한다. 즉 보리심에 머물고서 그 보리 구하기를 즐겨하는 자를 보살이라 하고, 10지를 만족하고 법의 무성無性을 통달해서 위로는 법신에 계합하고, 아래로는 6도에 계합하는 자를 불이라 부른다. 법의 무상함을 깨달아 10력을 원만히 채운 것을 정각正覺이라 하고, 무명의 영역에서 벗어나 여여如如한 실상實相의 세계에서 이 사바세계에 상을 나타낸 자를 여래라 부른다.

27) 세출세호마법품世出世護摩法品

호마護摩는 소공법燒供法이라 번역한다. 이 품에서는 외도의 호마에 44종이 있는 것과 불법의 외호마에 13종이 있는 것과 더불어 내호마도 열거하면서 외호마의 중연지분重緣支分과 내호마의 작법이 명시되어 있다.

호마에서 중요한 것은 본존과 화로와 행자이다. 화로가 땔감을 완전히 태우는 것과 가티 본존의 지혜의 불은 행자의 번뇌의 장작을 모두 태우고, 아사리의 지혜의 불이 제자의 무지와 장작을 모조리 태워서 드디어 망집妄執의 장작이 모두 완전히 태워 없어지면, 오직 이 본래 처음부터 생겨남 없는 원명圓明에 머물러서 평등한 법계의 큰 즐거움을 누리게 된다.

바깥의 연이 되는 일을 구족하여 행하는 것을 외호마라 말한다. 유가의 묘관妙觀에 머물러 번뇌의 땔감을 태워 없애는 것은 대일여래의 지혜의 불이며, 그 불은 수행자의 자심에 본래 갖추고 있는 지혜광명이다. 이같이 본존 대일여래와 수행자와 화로가 본래 평등하다고 관하는 것을 내호마라 부른다.

28) 설본존삼매품設本尊三昧品

본존은 자字·인印·형形으로 구분할 수 있는데, 이것은 청정한 자기 자신을 가리키며, 아자阿字와 상응하여 일여一如가 된 상태를 말한다. 특히 여기서는 이 세 가지를 통하여 비로자나불의 세계에 인도된다는 것을 나타내고 있다. 그리고 이 세 가지를 더 상세히 구분하면 자에는 성聲과 보리심, 인에는 유형과 무형, 형에는 청정과 비청정의 구별이 있다고 설명한다.

이들 가운데 성聲과 유형과 비청정은 유상有相이고, 보리심과 무형과 청정은 무상無相이다. 유상에 머무른 수행자는 유상의 실지를 얻고, 무상에 도달한 자는 무상실지, 즉 불과를 얻는다.

29) 설무상삼매품設無相三昧品

무상삼매란 흔히 말하는 무상無相·적정寂靜의 의미가 아니라 자성청정의 원명圓明한 법체法體를 가리킨다. 유상을 떠난 무상이 아니라 불가사의한 상이 실재하는 것을 인지認知하는 것이다. 유위법 밖에 무위법이 있는 것이 아니라 유위법의 3종세간과 유위의 모든 행사인 3밀의 묘행이 그대로 무상평등의 법성에 환원되는 것이다.

이 경의 앞에서부터 밝혀 왔던 3밀의 묘행도 모두 인연으로 생한 것이다. 연하여 일어나면 3밀의 행이 드러나고, 연이 멸하면 묘행이 멸각해 가는 것이기 때문에 3밀의 묘행은 원래가 무자성이다. 묘행 그 자체가 무자성이기 때문에 불생불멸이고, 불생불멸이기 때무네 아자본불생阿字本不生의 진리에 계합하게 된다. 아와 법이 실재한다는 견해에 붙잡혀 있는 범부 수행자를 무상의 법체에 들어가게 하기 위하여 유상의 3밀의 행상에 의해서 무상의 아자문으로 유도하고, 평등 절대의 원명圓明으로 귀입하게 하는 것이 이 경의 요지이다.

그러므로 진언행은 유상삼밀의 묘행을 닦는 데에서부터 출발하여 그 심기心機를 일전一轉하여 무상평등의 묘관으로 들어오는 것을 지극至極으로 삼는다.

30) 세출세지송품世出世持誦品

진언법 중에는 세간적인 것과 출세간적인 것이 있는데, 세간적인 지송이란 세간의 복락·장수·등을 얻기 위한 수법을 가리키고, 출세간적인 지송은 번뇌 망상을 끊어서 무상의 불과를 얻는 것을 목적으로 한다. 지송이란 수행자의 염원을 본존에 집중하여 본존의 요체인 진언을 입으로 송한다는 의미이다. 본존의 진언을 구송口誦하는 경우에 심의염송心意念誦과 출입염송出入念誦의 두 가지가 있다. 심의염송이란 수행자의 마음을 본존으로 집중시켜 진언을 염송하는 것이고, 출입식염송이란 출입의 식에 응해서 본존의 진언을 구송하는 것이다.

31) 촉루품囑累品

촉囑은 부촉咐囑, 루累는 계승의 의미이다. 즉 이 묘법을 제자에게 부촉해서 세간이 이 미묘한 가르침을 영원히 머물게 하여 법등을 천세 후에도 빛나도록 계승한다는 뜻을 밝히고 있다.

여기에는 반드시 준수해야 할 것들이 있다. 먼저 아사리는 자신의 제자 이외의 다른 사람에게 전수해서는 안 된다는 것을 강조한다. 만약 다른 사람에게 전수할 경우에는 그 사람의 근성根性을 반드시 알아야 한다고 설한다. 그리고 비밀법을 전수하는 데에는 인人·시時·처處를 엄격히 가린다. 만에 하나라도 아사리가 이 규정을 어기면 자신에게 재앙이 미친다고 경고한다.

이상 제1권에서 6권까지 총31품 가운데 제1품은 사상·교리 등의 내용을 담고 있으며, 제2품에서 31품까지는 의식·의궤·수행방법 등을 교설하고 있다. 『대일경』에는 따로 제7권에 법신 비로자나불에 대한 공양법이 5품으로 구성되어 있다.

32) 공양차제법중진언행학처품供養次第法中眞言行學處品

이 품에서는 수행자가 간직하여야 할 자세에 대해서 설한다. 수행자는 자타의 이익과 최상의 실지悉地를 성취하기 위해서 청정한 마음을 가져야 한다. 만약 외도의 법을 행하고 분노하는 마음을 일으킨다면 실지를 얻을 수 없다. 중생에게 이익을 베풀기 위해서는 자비와 환희심과 사심捨心을 가져야 한다. 또한 중생을 위하여 법法·재財·무외시無畏施를 적절히 베풀어야 하며 스승을 공양해야 한다.

이와 같이 수행자의 용심用心과 수행의 안목을 먼저 제시하고 무상지를 증득하기 위한 갖가지 수법 등을 상술하고 있다.

33) 증익수호청정행품增益守護淸淨行品

청정행은 진언지송자의 정요精要로서 이것에 의해서만이 세간과 출세간의 수승한 묘법의 과를 얻는 것이다. 밤낮으로 염혜念慧에 머물러서 법칙으로 제시된 대로 일상생활을 하고 방일하지 않도록 주의하지 않으면 안 된다. 방일은 죄악의 근본이 되며, 장애와 해악의 원인이다. 6근을 청정히 하여 무진무여의 중생계에 대하여 자비·인욕하는 마음을 갖고 이것을 불도로 끌어들여 함께 보리를 구하겠다는 생각을 일으켜야 한다.

또 수행자가 단을 건립하고 참회하며 불보살에게 귀의하여 불의 세계에 들어가는 의식과 수행자 자신이 불의 세계에 들어가 불보살로부터 가피를 입고 증익을 성취한 뒤에 그 자신이 불보살의 입장에서 중생들에게 증익을 베푸는 내용 등이 이 품에 제시되어 있다.

34) 공양의식품供養儀式品

청정한 업으로 몸을 정갈히 하고, 선정에 안주하여서 본존을 염하고, 진언眞言과 인계印契에 의하여 본존을 그 국토로부터 초청하여 염송행법을 마치거나, 본존을 본토로 봉송하는 것 등은 모두 진언과 인계와 관상에 의해서 행하여야만 한다. 이와 같이 이 품에서는 의식을 행할 단이 완성되고 수행자의 마음가짐이 청정해졌을 때 본존을 초청하는 의식을 설한다.

35) 지송법칙품持誦法則品

이 품의 구성은 유상염송문有相念誦門 · 무상염송문無相念誦門 · 본존삼매수식문本尊三昧隨息門 · 大日三昧速得門 · 비밀사업가해문祕密事業加解門 등으로 이루어져 있다.

유상염송문에서는 본존의 관상법에 대하여 설하고, 무상염송문에서는 수행자의 관상에 의해서 떠올린 본존에 대하여 3밀을 행하고, 색 · 표치 · 형상 등과 상응하여 수행자와 본존이 구별 없이 되는 삼마지의 상태에 이르는 길을 설한다. 이 품의 말미에 있는 비밀사업가해문에서는 진언종자의 구성을 통하여 나타낸 조복·식재·증익에 대해서 설한다. 이와 같이 이 품에서는 종자의 관상법을 비롯하여 종자의 5처포치법·진언 종자를 통한 3종법의 실현과 단의 형태 등에 대해서 설하고 있다.

36) 진언사업품眞言事業品

수행자는 자신을 가지해서 금강살타가 되고 불보살 등의 무량의 공덕을 사유해서 한없는 중생계에 대하여 대비의 마음을 일으킨다. 이 닦은 선근을 회향하고 법계의 중생에 미치게 하여 자리이타의 묘법을 모두 만족하고 생사의 미혹한 세계에서 돌아와 이타행을 닦고, 일체 중생이 바라는 원을 원만하게 성취할 수 있도록 돕는다. 또 청정처를 향香·화花로 장엄하여 꾸미고 자신이 관세음보살이 되게 관한다. 여래의 자성에 안주해서 자신을 가지하고 보편적으로 일체의 제불보살에 대해 묘법을 공양하는 염을 일으켜 대승묘전을 독송하는 것이 비유로 설해져 있다. 그리고 이 품에서는 그 외에도 각종 회향의식을 설한다.

『금강정경』은 어떠한 경전인가

동국역경원 2007년 2월 26일 초판 1쇄
『금강정경 외 3경』 해제를 전재하였음

1. 『금강정경』에 대하여

보통 『금강정경金剛頂經』이라 불리는 것은 당나라 때 불공(不空, Amoghavajra: 705~774) 삼장이 번역한 3권 본의 『금강정일체여래진실섭대승현증삼매대교왕경金剛頂一切如來眞實攝大乘現三昧大敎王經』을 말한다. 그렇지만 이 경은 『진실섭경眞實攝經』의 「금강계품」을 부분 번역한 것이므로, 이것만 가지고는 전체의 내용을 알 수 없다. 또 「삼권교왕경」 외에 「금강정경」이라 하면, 시호(施護, Dānapāla) 역의 30권 본 『일체여래진실섭대승현증삼매대왕교경一切如來眞實攝大乘現三昧大敎王經』, 즉 『진실섭경Tattvasamgraha』을 가리킨다.

그러나 넓은 의미에서 『금강정경』이라고 하면 이 『진실섭경』을 토대로 하여 다시 성립한 금강정경계의 경전 군을 가리킨다. 그것은 『금강정경』이라고 하는 명칭이 불공이 번역한 『금강정경유가십팔회지귀金剛頂經瑜伽十八會指歸』에서 18회 10만 송의 총칭으로 수록되어 있는 것을 통해서 알 수 있다. 그런데 현재 대장경에는 18회 10만 송이 모두 수록되어 있지 않고, 모두 10만 송 가운데의 몇 회에 지나지 않거나, 초회의 중요한 부분을 약출한 것이고, 혹은 그 요지를 줄여서 기록하거나, 또는 그 가운데의 단편에 지나지 않는 것이 수록되어 있다. 즉 「금강정경유가십팔회지귀」라는 문헌의 명칭을 통해서 이 경이 18회에 걸쳐 있음을 알 수 있을 뿐이다. 또한 불공 삼장이 「금강정경의결金剛頂經義訣」에서 이 경(금강정경)은 백천송광본百千頌廣本이 있다고 하므로, 이 말 그대로 인정한다면 『금강정경』은 모두 합해서 10만 송이 있고, 모두 12처에서 18회에 걸쳐 설해진 방대한 경을 의미함을 알 수 있다. 광의의 『금강정경』 18회 각 회의 명칭은 『금강정경유가십팔회지귀金剛頂經瑜伽十八會指歸』에 기록되어 있다. 그리고 『도부다라니목都部陀羅尼目』에는 "유가본경은 도합 10만 게로서 18회가 있으며, 초회의 경은 일체여래진실섭一切如來眞實攝이라 이름한다"고 되어 있는데, 18회 전체의 명칭은 나오지 않지만 10만 게송의 18회라고 소개되어 있다.

이 18회 가운데 중요한 것은 1회이며, 제2회 이하의 경전은 이 초회경의 근본 원리를 여러 가지로 부연한 것으로 추정할 수 있다. 왜냐하면 『십팔회지귀』에 각 회의 요지를 설하고 있는데, 그 요지를 보게 되면 초회의 중요 내용인 37존에 관하여 각 회마다 거의 모두 설하고 있는 것과 『십팔회지귀』의 말미부분에 "이 경은 미세한 곳까지 성취하지 못하는 스무 종류의 상을 설하고, 내지 실지와 가까운 여러 가지 상과 유가교瑜伽教의 18회를 설한다. 혹은 4천 송, 혹은 5천 송, 혹은 7천 송이며, 통틀어 10만 송이 된다. 5부의 네 가지 만다라와 4인을 갖추고 37존을 갖춘다. 낱낱의 부에 37존을 갖추고, 내지 한 분의 존이 37존을 이룬다"고 되어 있으므로, 이것을 근거로 하면 18회 각 회의 주요 내용이 37존을 설하는 초회 경의 확대 및 전개라고 생각해 볼 수 있을 것이다.

18회 중에서 가장 중요하다고 할 초회의 『금강정경』인 『진실섭경』은 37존을 언급하는 주요 문헌으로, 『대일경』과 함께 교학 및 실제 수행 면에서 중기 밀교의 정수를 담고 있다. 이 경이 담고 있는 교학은 용수·제바의 중관사상과 무착·세친의 유식사상이 바탕에 깔려있는데, 『진실섭경』은 『대일경』이 지니고 있는 반야공의 중관철학을 다시 구현하는 유가유식행의 실천을 가르치고 있다. 이것이야말로 대승불교가 천년의 오랜 역사를 통해서 대립되어온 2원元의 고뇌를 해소한 실천의 대도인 것이다. 대승불교는 공과 유, 반야와 유식유가행으로 오랫동안 대립되어 오다가, 드디어 금강대승의 밀교에 와서 해결되었다는 평가를 받고 있다. 그 외의 요소로서는 『법화경』의 불지견佛知見사상, 『화엄경』의 정보리심淨菩提心 및 융통무애融通無礙의 사상, 『열반경』의 불성 사상 등 대승불교 전반에 걸친 사상이 교묘하게 혼합되고, 이것을 바탕으로 하여 『진실섭경』의 밀교교리가 성립되었다고 인정된다. 이러한 점에서 고찰해 보면 『대일경』과 『진실섭경』은 여러 대승경전이 편찬된 뒤에 그들 경전에 통달한 학자에 의해서 제작되었다고 추정할 수 있다.

『금강정경』 계통의 번역가에 대하여 알아보면 먼저 불공의 스승인 금강지 삼장(金剛智三藏, Vajrabodhi:671~741)은 개원 7년(719)에 남해를 경유해 중국 낙양에 들어가 밀교를 크게 떨친 고승으로, 제자 불공 등과 함께 금강정경계의 경전의궤를 중국에 들어와 『금강정유가 중약출염송경金剛頂瑜伽中略出念誦經』 4권, 『칠구지불모준제대명다라니경七九賅准提大明陀羅尼經』 1권, 『금강정경만수실리보살오자심다라니품金剛頂經曼殊室利菩薩五字心陀羅尼品』 1권, 『관자재여의륜보살유가법요觀自在如意輪菩薩瑜伽法要』 1권 등의 경궤를 번역하였다.

불공 삼장(705 ~ 774)은 중국밀교의 대성자로 불리는 밀교의 대표적 고승이다. 법휘法諱는 지장智藏이며, 칙호勅號는 대광지 삼장大廣智三藏이며, 시호諡號는 대변정광지불공삼장大辯正廣智不空三藏이다. 북인도 바리문 출신의 아버지와 강거인康居人을 어머니로 하여 서역에서 태어났다. 일찍이 아버지를 여의고 숙모와 함께 다니다가 당나라 개원7년에 장안長安에 와서 금강지金剛智를 만나 제자가 되었다. 이때가 그의 나이 20세 때의 일로서 금강지에게서 구족계를 받은 뒤 언제나 스승을 따라다니면서 주로 금강정경 계통의 밀교를 배웠다. 741년에 스승이 입적하자 인도에 가서 다수의 금강정경계 밀교경전을 가져왔다. 궁중 내 도량에서의 국가안온에 대한 기도와 산서성의 성지인 오대산을 밀교화의 기지로 삼았으며, 호국적 밀교의 완성자라고 칭해진다. 그는 상류계급에서 하류 기층민에게까지 두루 밀교를 전파하였다. 불공의 활약과 함께 최고 흥성기를 맞이했던 밀교는 불공 시적示寂 후 하강국면을 맞게 된다. 그리고 불공 이후부터 사자상승師資相承 제도가 확립되었다.

이 『금강정경』은 『대일경』 다음에 『불공견삭경』이 성립되고, 다시 그 다음 서기 680~690년경에 성립된 것으로 추정된다. 그리하여 초회의 『금강정경』은 이미 약간의 부속의궤도 포함하여 남인도를 중심으로 8세기에 눈에 띌 만한 전개를 보인다. 그때의 유명한 학장으로는 붓다구히야, 샤카미트라, 아난다가르바가 있다. 또한 여향呂向의 『금강지삼장행기金剛智三藏行記』에는 금강지가 서기 800년경, 남인도에서 용수龍樹의 제자인 700세의 용지龍智를 만나 『금강정유가경』을 받았다고 기록되어 있다. 이 금강지의 제자 불공 삼장이 8세기 반경 남인도 세일론에서 같은 계통의 밀교를 배우고 법본을 직접 가져와 번역하였다고 한다.

이 경의 성립지로는 남인도의 나그푸르Nagpur 지방이 유력하게 거론되고 있다. 그 근거로서는 금강지가 이곳에서 5부관정五部灌頂을 받았고, 『금강정경의결金剛頂經義訣』에 의하면 남인도의 철탑에서 『금강정경』의 광본이 획득되었다고 명시되어 있기 때문이다. 그것은 『금강정경의결』에서 전하는 남천축철탑설에 기인한다. 금강지 삼장이 구술하고 불공 삼장이 필사한 『금강정경의결』에는 다음과 같은 기록이 있다.

이 경에 백천송百千頌의 광본이 있는데 이것은 제불대보살 등의 깊고 깊은 비밀의 세계로서 일찍이 성문聲聞이나 연각緣覺, 인천人天 등이 들은 바 없다. 금강지 삼장에 의하면, 이 경은 크기가 침상과 같고, 두께가 45척으로 그 속에는 무량한 게송이 들어 있으며, 불멸 후 수백 년간 봉인된 남천축 철탑 안에 보관되어 있었는데, 천축국의 불법이 점점 쇠퇴해졌을 때 용맹보살이 나타나서 처음으로 비로자나불의 진언을 지송했다고 한다. 그때 비로자나불은 자신의 몸을 나타내서 많은 변화신을 현현하고, 허공 중에서 법문 및 문자로 게송의 장구를 교설했고, 그것을 옮겨 적자마자 비로자나불은 사라졌다고 한다.

이것이 지금의 『비로자나염송법요毘盧遮那念誦法要』 제1권이다. 그때 그 대덕은 지송으로 성취하여 그 탑을 열기를 원했고, 7일간 탑을 돌면서 염송하고 흰 겨자 일곱 알을 가지고 그 탑문을 두드리자 곧바로 열

렸다고 한다. 그때 탑 안의 신들이 일시에 화를 내며 들어가지 못하게 하였지만, 탑 안을 들여다보니 향 등의 광명이 한 길이나 비추며, 화보 개華寶蓋가 안에 가득 차 있었다.

그 대덕은 지심으로 참회하고 대서원을 발한 후에 그 탑 속에 들어갈 수 있었으며, 거기에 들어가자 그 탑은 닫혔다고 한다. 며칠 지나서 그 경의 광본을 한 번 송하고, 잠시 지나서 제불보살의 가르침을 받은 다음 기록해서 잊어버리지 않도록 했으며, 다음에 탑을 나와서 탑문을 다시 닫았는데, 그때 서사해서 기록한 법이 백천송이라고 한다.

여기에서 백천송은 남천축 철탑 안의 무량송 가운데 광본에 해당하므로, 18회의 10만 송은 이 경을 가리키는 것이다. 그런데 금강지가 바닷길로 이 경을 중국에 가져오다가 폭풍우를 만나 10만 송의 광본은 바다에 버리고 약본 4천 송만을 가져와서 번역하였다고 전한다. 이러한 내용은 어느 면에서 신화적인 것으로, 10만 송의 존재 여부에 대해 황당하게 받아들여질 수 있으나 이것을 비밀불교계 경전이 가지는 하나의 신비적 특성으로 이해할 수 있다.

2. 금강계 계통의 경

금강계 계통의 경은 모두 합해서 10만 송이 있고, 모두 12처에서 18회에 걸쳐 설해졌다고 하는데, 현재 대장경에 수록되어 있는 금강계의 여러 경은 모두 10만 송 가운데의 중요한 부분을 약출한 것이고, 혹은 그 요지를 줄여서 기록하거나, 또는 그 가운데의 단편에 지나지 않는다.

일반적으로 『금강정경』이라고 할 때에는 아래의 세 경을 언급한다.

① 불공不空 역 3권 『금강정일체여래진실섭대승현증삼매대교왕경金剛頂一切如來眞實攝大乘現三昧大教王經』: 제1회인 색구경천色究竟天에서 설한 경으로, 시호施護 역의 30권 본 『대교왕경』에 「금강계품金剛界品」·「항삼세품降三世品」·「변조복품徧調伏品」·「일체의성취품一切義成就品」의 4품이 있는데, 그중에서 초품만을 따로 떼어서 번역하고 하나의 경으로 한 것이다.

② 시호施護 역 30권 『일체여래진실섭대승현증삼매대교왕경一切如來眞實攝大乘現三昧大教王經』: 이 경은 초회初會의 전부를 역출한 것이다. 전체의 『금강정경』은 10만 송이기 때문에 그 분량은 300권에 상당할 것이다. 그러므로 초회의 30권은 단지 그 10분의 1에 불과하다.

③ 금강지金剛智 역 4권 『금강정유가중약출염송경金剛頂瑜伽中略出念誦經』: 이 경은 초회의 『금강정경』에서 관정灌頂 등의 비밀의궤를 약출한 것으로, 10만 송의 내용이 요약, 정리되어 있다.

이상 3본 외에 불공 삼장이 번역한 1권의 『금강정연화부심염송의궤金剛頂蓮華部心念誦儀軌』와 반야 삼장般若 三藏이 번역한 3권의 『제불경계섭진실경諸佛境界攝眞實經』이 있다. 전자는 『약출경』의 근본으로 3권 또는 30권의 『대교왕경』과 대략 비슷하다. 단지 초회의 『금강계품』에 5부를 설하면서 동시에 연화부를 근본으로 삼고 있다. 이 의궤는 금강계염송법의 근본의궤로서 정지淨地·정신淨身·갈마회羯磨會·삼매야회三昧耶會·공양회供養會·봉송본존奉送本尊의 순서대로 전개되는 중요한 본이다.

후자 역시 『금강정경』의 초회 초품의 다른 번역본이지만, 금강지 역이나 불공 역과는 다른 점이 보인다.

이하에서는 본 책자에 수록된 각 경의 주요 내용에 대하여 알아보자.

3. 각 경의 주요내용

『금강정일체여래진실섭대승현증삼매대교왕경 (金剛頂一切如來眞實攝大承現三昧大教王經)』

불공 삼장이 번역한 3권 본의 『금강정경』으로 줄여서 『금강정대교왕경金剛頂大教王經』·『삼권교왕경三卷教王經』이라고도 한다. 『금강정경』 18회 가운데 초회의 6만다라 중에서 제1의 대만다라분만을 설한 것이다. 그 내용은 서분序分과 정종분正宗分으로 나뉘며, 정종분은 5상성신관·37존 출생·백팔명찬·대만다라단·관정법칙·잡설로 이루어져 있다. 불공 역의 3권 본은 시호 삼장施護 三藏이 번역한 30권 본에 비하면 매우 짧지만 불공은 4대품을 지닌 『진실섭경』의 원전을 중국으로 가져왔고, 그 일부분에 지나지 않는 「금강계품」 만을 번역하고 세상을 떠난 것으로 추정된다. 그러나 금강정경계 가운데 가장 널리 읽혀진 경으로 보통 『금강정경』이라고 할 때에는 이 경을 가리킨다.

이 경은 지법신智法身 대일여래가 아가니타천궁 가운데 대마니보전에서 자심自心으로부터 유출한 무량한 자권속自眷屬의 대중들에게 설한 경이다. 경의 내용은 처음에 비로자나불에게 귀명하며 비로자나불이 갖춘 37지신의 덕을 찬탄하는 것으로부터 시작한다. 정종분에서는 처음에 일체의성취보살이 비밀불祕密佛의 경각개시를 받아 5상 성신관五相成身觀을 닦는 것을 밝힌다. 이 보살이 관정을 받고 나서 금강의 명호로써 금강계金剛界의 보살이 되며, 보살은 자신이 여래가 됨을 증득하고 보살의 금강 가운데에 들어가 금강계여래金剛界如來로 된다. 그리고 평등지삼매야平等智三昧耶에 들어가 자성청정을 증득하고, 또한 금강으로부터 나와서 허공장대마니保虛空藏大摩尼寶로써 관정하여 관자재법지觀自在法智를 발생하고, 비수갈마毘首羯磨를 안립하고, 다시 수미산 정상 금강마니보봉누각에 가서 사자좌에 앉는다. 이때 부동·보생·관자재·불공성취의 4불도 각기 네 방향에 앉음으로써 5불의 만다라가 구성됨을 밝힌다.

다음에 세존이 금강계 37존의 각각의 삼매야에 들어가 그 진언을 설하고, 각 존도 역시 대일여래의 불심에 머물며 관정을 받고, 금강명을 얻어 게송을 설하는 것을 밝힌다. 즉 37존 가운데 32보살의 출생이다. 이 부분에 대해서는 『약출염송경』과 거의 동일하나 보살의 명칭에서 약간 차이가 난다.

다음에 백팔명찬百八名讚으로 여래를 찬탄하고, 금강계대만다라를 설한다. 이 부분도 『약출염송경』과 거의 유사하다.

그리고 이러한 수승한 교법을 전수받기 위해서 관정을 받고 보리심을 버리지 않으며, 아사리를 존중하고 그 아사리로부터 전교관정傳教灌頂을 받는 입단관정入壇灌頂에 대해 설한다.

『금강정유가중약출염송경 (金剛頂瑜伽中略出念誦經)』

　　당나라 금강지金剛智가 번역한 것으로 『약출경略出經』이라고도 하며, 모두 4권으로 되어 있다. 경의 처음 부분에 10만 송 광본의 『금강정경』에서 중요한 부분을 뽑아낸 것이라는 기술이 있으므로 이러한 이름이 붙었고, 금강정부金剛頂部 중에서 가장 그 학설이 상세하게 되어 있어서 『금강정일체여래진실섭대승현증삼매대교왕경金剛頂一切如來眞實攝大乘現三昧大教王經』과 함께 밀교의 중요한 경전이다. 그런데 이 『약출염송경』의 내용은 「금강계품」에 상당하는 부분의 약출에 지나지 않는다. 또 6만다라 중의 대만다라와 함께 법만다라와 삼매야만다라의 셋이 설해져 있을뿐, 4印 · 1인印 · 갈마羯磨의 3만다라는 언급하고 있지 않다. 따라서 금강지 역의 원본이 되는 경전이 10만 송의 광본이라고는 생각할 수 없다. 또한 『약출경』은 외금강부의 제존에 대한 기술이 그다지 정비되지 않은 점, 그리고 아사파나가삼마지阿娑頗那伽三摩地의 해당 부분이 『대일경』 「주심품」의 색채를 농후하게 남기고 있는 점을 들어서 불공 역 3권 본의 원전보다 더욱 원초적인 것이었을 것이라고 추정된다.

　　『약출경』에서 설해지는 내용은 전문적인 비밀의 수행자를 위한 관정灌頂 등의 비요祕要로 구성되어 있다. 경전 곳곳에 아직 입단하지 않은 관정자灌頂者에게 설할 수 없다는 기술이 등장한다. 또한 의궤에 설해진 대로 실천하는 데에 필요한 상세한 내용이 역자의 의도에 의해 보철補綴된 곳이 있기에 경전이라기보다는 의궤에 가깝다.

　　『약출경』을 내용상 구분하면 다음과 같은 내용이 될 것이다.

제1권의 처음 부분에는 귀경歸敬과 술의述義의 2절이 있다. 다음의 정종분에서는 입단자에 대한 위유慰諭, 작단의 장소 선택, 아사리가 해야 할 바와 삼마지에 들어가는 법에 해당하는 여러 가지 작법에 대하여 설하였다. 이 가운데 입단자가 가져야 할 마음가짐과 자격이 설해지는데, 입단자가 금강의 몸과 말과 뜻을 실현하고자 하면 금강계를 체득하는 것이 전제로 되어 있다. 또한 행자에 대해서 금강기金剛起 · 입좌立座 · 착좌着座 · 담회談話 · 세면洗面 · 치목가지齒木加持 · 삼악소재三惡消災 · 금강수金剛水 · 금강지金剛智의 진언을 독송하여 신심을 정화하고, 청정한 마음 가운데 금강심을 일으켜서 사방의 제불을 예배하도록 한다. 그리고 도량관道場觀을 설한 다음에 법당에서 만다라를 관상하도록 한다. 그것은 만다라 안에 여래부 · 금강부 · 보부 · 연화부 · 갈마부 등의 5륜이 있고, 각 부에 각기 사자 · 코끼리 · 말 · 공작 · 가루라로 된 자리가 있으며, 제존이 머문다고 관상하는 것이다.

제2권은 5상선신관五相成身觀과 관정의 내용을 담았다. 특히 이 경에 설해진 관정법은 바로 밀교 종파의 관정작법의 전거가 되는 것으로 아주 중요하다.

제3권은 만다라를 건립하는 방법과 기타 여러 가지 작법 및 37존에 관련된 내용을 담았다. 먼저 5불의 출생이 설해지고, 이어서 16대보살과 4바라밀 · 내사공양 · 외사공양 · 사섭 보살의 관상을 통하여 37존의 세계가 구현되도록 한다. 그리고 일체성취삼마야계법一切成就三摩耶戒法과 총공양總供養 등을 설하였다. 제4권은 찬탄 · 염송念誦 · 별공양別供養 · 입단작법入壇作法 · 관정灌頂 · 호마단護摩壇을 건립하는 작법 등에 대하여 설하고 있다.

이 경은 원래 6권 본이었다고 하나 일본의 안연安然의 설에 의하면 6권 본을 재치再治하여 4권 본으로 하였다고 한다. 이 4권 본이 현재 유통되는 본이다.

『금강정유가중발아뇩다라삼먁삼보리심론 (金剛頂瑜伽中發阿耨多羅三藐三菩提心論)』

부제副題로서 '유가총지교문설보리심관행수지의 瑜伽總持敎文設菩提心觀行修持義'가 있으므로 두 가지 제목이 있는 셈이다. 보통은 『보리심론』이라 칭한다. 부제에 따르면 모든 경을 이끌어 보리심과 도를 닦는 일을 기록한 것이다. 『보리심론』의 저자에 대해서는 두 가지 설이 있다. 하나는 『보리심론』의 표제어 중에 '용수소조불공봉조액龍樹所造不空奉詔額'이라는 기록에 의해서 용수보살의 저작이라고 보는 설이고, 또 하나는 『정원유록貞元遺錄』의 '삼장불공집三藏不空集'이라는 기록과 『보리심론』의 내용에 의해서 불공 삼장의 저작이라고 주장하는 설이다.

그러나 이 두가지 설도 보완하여야 할 점이 많이 있어, 『보리심론』의 저자는 아직 미해결로 남아 있다. 『보리심론』의 저자가 용수보살이라고 하는 데는 용수보살은 대승불교를 대성시킨 인물로서 수많은 저작을 남겼기 때문에 『보리심론』의 권위를 높이기 위하여 용수보살에 가탁한 것으로 보는 것이다. 그러나 『보리심론』에 인용되어 있는 『화엄경』·『법화경』·『대일경』·『금강정경』·『대일경소』의 성립은 7세기 이후의 일이므로 2세기경에 생존한 용수가 이들을 인용하였다는 것은 생각할 수 없는 사실이다.

또한 『보리심론』의 내용을 보면 3밀密·5상성신관·만다라曼荼羅 등 독립된 밀교경전이 성립됨으로써 이루어진 밀교의 핵심적인 수행법이 있다. 이러한 문헌과 사상적인 흐름으로 미루어 불공이 가장 유력하기 때문에 불공의 저작으로도 본다.

이 『보리심론』은 밀교에서 대단히 중요하게 여기고 있는 논서의 하나로서, 밀교를 대표하는 경전이 『대일경』과 『금강정경』이라면 논서로서는 『보리심론』이 대표된다. 여기에서는 일반 대승불교와 밀교의 교리를 비판하여 밀교의 수승함을 밝히고 있으며, 밀교의 수행을 하는 진언행자가 먼저 보리심을 발하여 승의勝義·행원行願·삼마지三摩地의 삼종보리심을 계율로 하고, 수행해서 보리를 증득한다는 성불의 이치를 서술하고 있다. 대아사리大阿闍梨의 설을 인용하여 『보리심론』의 사자상승師資相承의 권위를 밝히면서 보리심을 닦기 위하여 신심을 발하여야 한다는 결의를 다진 후에 보리심을 닦아갈 순서를 밝히고 있다.

『보리심론』은 서분(서론 부분)과 유통분(결론 부분)이 없이 정종분(본문)만으로 구성이 되어 있다. 그리고 승의보리심·행원보리심·삼마지보리심을 보리심의 행상으로 밝히고, 수행자는 이 세 가지 보리심을 일생의 계율로 삼아 수행하여 갈 것을 내용의 골자로 한다.

우리나라에는 신라 때 혜일 대사慧日大師가 당나라에 유학하여 청룡사青龍寺의 혜과 화상惠果和尙 문하에서 금강계, 태장계의 양부대법兩部大法을 전수 받고 귀국하는 길에 금태양부대법金胎兩部大法, 소실지법蘇悉地法 및 제존유가諸尊瑜伽 30본과 함께 『보리심론』을 신라에 전래하였을 것으로 보인다.

『금강정경유가십팔회지귀 (金剛頂經瑜伽十八會指歸)』

  불공이 번역한 1권으로 된 아주 짧은 소본이다. 줄여서 『금강정십팔
회지귀金剛頂十八會指歸』·『십팔회지귀十八會指歸』라고도 하며, 『금강
정경』의 전체적인 내용을 요약한 일종의 해설서이다.

  『금강정경』은 18회 10만 송이라고 말해지는 광대한 경궤인데 전체의
완본은 전해지지 않는다. 따라서 18회의 존재 여부에 대하여 과거 일본
의 학자들은 18회 자체를 허구로 보기도 하였으나, 현재는 18회의 일
부가 성립되었을 것으로 보고 있다. 현재 전해지는 것은 초회·3회·6
회·15회 등에 불과하지만 이후의 발굴 여하에 따라서 얼마든지 추가
될 가능성이 있다. 본 『십팔회지귀』는 너무 간략하긴 하나 각회의 품별
내용이나 만다라의 종류 및 이 경을 설한 장소 등에 대하여 개괄하여
설한 것이다. 즉 본서는 『금강정경』 광본의 내용 총목차라 할 수 있다.

저자 소개

남회근(南懷瑾) 선생은 1918년 중국 절강성 온주(溫州)에서 태어났다. 어릴 적부터 서당식 교육을 받아 17세까지 사서오경 제자백가를 공부하였다. 절강성성립국술원에 입학하여 2년간 무술을 배웠고 문학·서예·의약·역학·천문학 등도 두루 익혔다. 1937년 국술원을 졸업하였다. 그후 중앙군관학교 교관직을 맡았으며, 금릉(金陵)대학 대학원에서 사회복지학을 연구하였다. 25세 때인 1942년에 스승인 원환선(袁煥仙) 선생이 사천성 성도(成都)에 창립한 유마정사(維摩精舍)에 합류하여 의발제자가 되었다. 1942년부터 1944년까지 3년간 사천성 아미산 중봉에 있는 대평사(大坪寺)에서 폐관 수행하며 대장경을 완독하였다. 28세 때인 1945년 티베트 밀교의 여러 종파의 고승들을 참방하고 밀교 상사로 인가 받았다. 그 후 운남(雲南)대학과 사천(四川)대학에서 한동안 강의하였다. 30세 때인 1947년 고향에 돌아가 사고전서(四庫全書)와 고금도서집성(古今圖書集成) 등을 읽었다. 1949년 봄에 대만으로 건너가 문화(文化)대학 보인(輔仁)대학 등 여러 대학과 사회단체에서 강의하며 수행과 저술에 몰두하였다. 또 노고문화사업공사(老古文化事業公司)라는 출판사를 설립하고 불교연구단체인 시방(十方)서원을 개설하였다.

2004년 대륙으로 이주한 선생은 중국의 강소성 오강(吳江)에 태호대학당(太湖大學堂)을 창건하여 교육문화 연구 등의 활동을 해오다 세연이 다하여 2012년 9월 29일 향년 95세로 세상을 떠났다. 다비 후 온전한 두개골과 혀 사리, 그리고 1백여 과의 사리자를 거두었다. 논어별재 등 저작이 60여종에 이른다. 자세한 소개는 마하연 출판『생과 사 그 비밀을 말한다』부록「선생의 약력」과,『중용강의』부록에 수록된「남회근 선생의 간단한 연보」를 참조하기 바란다.

번역자 송찬문(宋燦文)

1956년생으로 금융기관에서 20년 근무하였다. 대학에서 중어중문학을 전공했으며 1990년 대만담강대학 어학연수, 1991년 대만경제연구원에서 연구하였다. 1998년 이후 유불도 삼가 관련 서적들을 번역중이다.

번역서로는 남회근 선생의 '논어강의', '생과 사 그 비밀을 말한다', '불교수행입문강의', '원각경 강의' 등이 있으며,

편역 저서로는 '21세기 2천자문', '삼자소학', '그림으로 배우는 한자 첫걸음', '나무아미타불이 팔만대장경이다'가 있다.

다음카페 홍남서원 (http://cafe.daum.net/youmawon)

e-mail : youmasong@naver.com

마하연의 책들

1. **나무아미타불이 팔만대장경이다** 송찬문 엮음
참선법문과 염불법문은 어떻게 다른가? 나무아미타불의 심오한 의미는 무엇인

가? 극락세계는 어떤 곳인가? 왜 염불법문이 뛰어난가? 등 염불법문의 기본교리를 이해하도록 이끌어 준다.

2. 생과 사 그 비밀을 말한다   남회근 지음, 송찬문 번역

생사문제를 해설한 기록으로 사망에 대해서부터 얘기를 시작하여 사람의 출생을 설명한다. 인간의 정상적인 생명의 윤회환생 변화를 기준으로 말한 것으로, 불법의 원리에서 벗어나지 않지만 종교의식에 물들지 않고 순수하게 생명과학의 입장에서 한 상세한 설명이다. 진귀한 자료로서 자세하고 명확하여 독자의 마음속에 있는 적지 않는 미혹의 덩어리를 풀어준다.

3. 원각경 강의   남회근 지음, 송찬문 번역

원각경은 인생의 고통과 번뇌를 철저히 해결해주는 경전으로서, 어떻게 수행하여 성불할 것인가를 가리켜 이끌어 주는 경전이다. 남회근 선생의 강해는 쉽고 평이하면서도 어떻게 견성할 것인가와 수행과정에서의 문제들을 분명히 가려 보여준다. 참선을 하려거나 불교를 연구하고자 하는 사람이 반드시 보아야 할 책이다.

4.. 논어 강의 (상, 하)   남회근 지음, 송찬문 번역

논어로 논어를 풀이함으로써 지난 2천년 동안 잘못된 해석을 바로잡은 저자의 독창적인 견해가 담긴 대표작이다. 동서고금과 유불도 제자백가를 넘나들면서 흥미진진한 강해를 통해 고유문화의 정수를 보여주어 현대인들로 하여금 전통문화를 이해하게 하고 나아가 미래를 창조하게 하는 교량 역할을 한다.

5. 역사와 인생을 말한다   남회근 지음, 송찬문 번역

논어별재(論語別裁), 맹자방통(孟子旁通), 노자타설(老子他說) 등 남회근 선생의 여러 저작들 가운데서 생동적이며 유머가 있고 뛰어난 부분들을 골라 엮은 책으로 역사와 인생을 담론하고 있다

6. 선(禪)과 생명의 인지 강의   남회근 지음, 송찬문 번역

생명이란 무엇일까요? 당신의 생명은 무엇일까요? 선은 생명 가운데서 또

어떠할까요? 당신은 자신의 지성(知性)을 이해합니까? 당신은 자신의 생명을 장악할 수 있습니까? 범부를 초월하여 성인의 영역으로 들어가고 싶습니까? 그 가장 빠른 길은 무엇일까요? 등, 선과 생명과학과 인지과학에 대한 강의이다.

7. 선정과 지혜 수행입문   원환선 남회근 합저, 송찬문 번역

원환선 선생과 그 문인인 남회근 선생이 지관수정(止觀修定)에 대하여 강의한 기록을 모아 놓은 책이다. 선 수행자나 정토 수행자에게 올바른 지견과 진정한 수행방법을 보여 주는 것으로 초학자에게 가장 적합하다.

8. 입태경 현대적 해석   남회근 지도, 이숙군 역저, 송찬문 번역

사람이 모태에 들어가기 전에 자기의 부모를 인식할까요? 모태에 있을 때 어떤 과정을 거칠까요? 모태에 있을 때 교육을 받아들일 수 있을까요? 모태에 있을 때 심신은 어떻게 변화할까요? 이런 문제 등을 논술하고 있는 입태경은 인간 본위의 생명형성의 심신과학을 내포하고 있으며 범부를 뛰어넘어 성자가 되는 관건을 언급하고 있음에도 1천여 년 동안 마땅한 중시를 받지 못했습니다. 그래서 저자는 남회근 선생의 치밀한 지도 아래 입태경을 현대의학과 결합하는 동시에 전통 중의학 개념과도 일부 결합하여 풀이합니다. 태교부분에서는 3천여 년 전부터 현대까지를 말하면서 동서의학의 태교와 태양의 정화를 융합하고 있습니다. 그러므로 이 책은 부모 되는 사람은 읽지 않으면 안 되며 심신과학에 흥미가 있는 사람이라면 더더욱 읽어야 합니다.

9. 장자 강의(내편) (상, 하)   남회근 강술, 송찬문 번역

장자 내7편에 대한 강해이다. 근대에 많은 학자들이 관련된 주해나 어역(語譯)이나 주석 같은 것들을 참고로 읽어보면 대부분은 문자적인 해석이거나 다른 사람의 주해를 모아 논 것일 뿐 일반 독자들의 입장에서 보면 사실 그 속으로부터 이익을 얻기가 어렵다. 남회근 선생은 청년 시기에 이미 제자백가의 학문을 두루 연구했고 30대에는 경전 도법(道法)에 깊이 들어가 여러 해에 걸쳐서 몸소 힘써 실제 수증하였다. 그러므로 그의 장자강해는 경사자집(經史子集)에서 노닐고 있다. 또

통속적인 말로써 깊은 내용을 쉽게 풀어내서 독자 청중을 위하여 문을 열어주고 있다. 남선생의 강의가 따로 일가의 품격을 갖췄다고 일컫더라도 과분한 칭찬이 되지 않을 것 같다.

10. **능엄경 대의 풀이**　남회근 술저, 송찬문 번역

옛사람이 말하기를 "능엄경을 한 번 읽은 뒤로부터는 인간세상의 찌꺼기 책들을 보지 않는다" 고 했듯이, 이 경은 우주와 인생의 진리를 밝히는 기서(奇書)이며, 공(空)의 이치를 깨달아 들어가는 문이자, 단계적인 수행을 거쳐 최후에 부처의 과위에 이르기까지 거울로 삼아야 할 경전이다. 옛날부터 난해하기로 이름난 이 경전을 현대적 개념으로 대의만 풀이했다.

11. **유마경 강의** (상, 중, 하)　남회근 강술, 송찬문 번역

어떤 사람은 말하기를, 유마경을 조금 읽고 이해하고 나면 마음의 크기가 자기도 모르는 사이에 확대되어서, 더 이상 우리들이 생활하는 이 사바세계에 국한하지 않고, 동경하는 정토세계에도 국한하지 않으며, 무한한 공간에까지 확대될 것이라고 합니다. 또 어떤 사람은 말하기를, 이 경전은 온갖 것을 포함하고 있어서 당신이 부처님을 배우면서 어떻게 해야 할지 모를 때에는 당신에게 줄 해답이 본 경전에 들어있으며, 당신이 사리(事理)를 이해하지 못할 때에는 당신에게 줄 해답도 본 경전에 들어있다고 합니다. 남회근 선생이 1981년에 시방서원에서 출가자와 불교도를 위주로 했던 강의로 수행방면에 중점을 두었기 때문에 일반적인 불경강해와는 다르다. 유마경은 현대인들에게 원전경문이 너무 예스러운데 남선생은 간단명료한 말로써 강해하였기에 독자들이 이해하기 쉽다.

12. **호흡법문 핵심 강의**　남회근 강의, 유우홍 엮음, 송찬문 번역

남회근 선생은 석가모니불이 전한 가장 빠른 수행의 양대 법문이 확실하고 명확함을 얻지 못한 것이 바로 수행자가 성공하기 어려웠던 주요 원인이라고 보고 최근 수년 동안 남선생님은 수업할 때 항상 '달마선경(達磨禪經)' 속의 16특승안나반나(特勝安那般那)법문의 해설과 관련시켰다.

이 책은 남회근 선생님의 각 책과 강의기록 속에 여기저기 흩어져 보이는 안나반나 수행법을 수집 정리하여 책으로 모아 엮어서 학습자가 수행 참고용으로 편리하도록 한 것이다.

13. 중용 강의 남회근 저 송찬문 번역

자사(子思)가 『중용(中庸)』을 지은 것은 증자의 뒤를 이어서 「곤괘문언(坤卦文言)」과 『주역』「계사전(繫辭傳)」으로부터 발휘하여 지은 것입니다. 예컨대 『중용』이 무엇보다 먼저 제시한 '천명지위성(天命之謂性)'으로부터 '중화(中和)'까지는 「곤괘문언」에서 온 것입니다. 이런 학술적 주장은 저의 전매특허입니다."

남회근 선생의 강해는 '경문으로써 경문을 주해하고[以經註經]', 더 나아가 '역사로써 경문을 증명하는[以史證經]' 방법으로 『중용』을 융회관통(融會貫通)하고 그 심오한 의미를 발명하여 보여주고 있다.

14. 도가 밀종과 동방신비학 남회근 저 송찬문 번역

본서의 각 편은 비록 남선생님의 40여 년 전의 저술이지만, 오늘날 다시 읽어보면 그 문자가 간략하면서 내용이 풍부하고 조리가 분명하여서 사람들로 하여금 밀종과 각 방면에 대해서 마음이 확 트이는 느낌을 갖게 합니다. 문화를 배우고 밀법(密法)을 배우고 불법을 배우는 독자들에게 이 책은 아마 없어서는 안 될 것으로 여겨도 될 것입니다.